# Être plus diplomate

Groupe Eyrolles
61, bd Saint-Germain
75240 Paris cedex 05

www.editions-eyrolles.com

Cet ouvrage a fait l'objet d'un reconditionnement à l'occasion de son quatrième tirage (nouvelle couverture). Le texte reste inchangé par rapport au tirage précédent.

Le Code de la propriété intellectuelle du 1er juillet 1992 interdit en effet expressément la photocopie à usage collectif sans autorisation des ayants droit. Or, cette pratique s'est généralisée notamment dans l'enseignement provoquant une baisse brutale des achats de livres, au point que la possibilité même pour les auteurs de créer des œuvres nouvelles et de les faire éditer correctement est aujourd'hui menacée.
En application de la loi du 11 mars 1957, il est interdit de reproduire intégralement ou partiellement le présent ouvrage, sur quelque support que ce soit, sans autorisation de l'Éditeur ou du Centre français d'exploitation du droit de copie, 20, rue des Grands-Augustins, 75006 Paris.

© Groupe Eyrolles, 2008, pour le texte de la présente édition
© Groupe Eyrolles, 2014, pour la nouvelle présentation
ISBN : 978-2-212-55971-2

Bénédicte Lapeyre

# Être plus diplomate

Comment mieux communiquer avec les autres

Quatrième tirage 2014

**EYROLLES**

*L'art de vivre repose sur une sagesse prudente
faite de bons sens et de tolérance.*

M‍ONTAIGNE

*- À mes étudiants du collège d'Europe[1], futurs diplomates et acteurs de demain qui m'ont donné l'envie d'écrire ce livre,*

*- Aux hommes politiques de tous bords qui multiplient les attaques inutiles,*

*- Aux familles qui se déchirent,*

*- Aux amis qui se séparent,*

*- Aux mots qui sont là pour nous éviter bien des maux.*

---

1. Institut post-universitaire d'études européennes

# Sommaire

Introduction
**Le rôle de la communication** ........... 17

### PARTIE 1
### Qu'est-ce qu'une communication réussie ?

Chapitre 1
**La diplomatie** ........... 21

Chapitre 2
**Les niveaux de langue** ........... 25

Chapitre 3
**Le style** ........... 27

Chapitre 4
**Les obstacles** ........... 33

Chapitre 5
**Les trois tabous** ........... 37
    L'argent ........... 37
    Le sexe ........... 38
    La religion ........... 39

Chapitre 6
**L'abécédaire de la diplomatie** ............................................................ 43

## PARTIE 2
## Mise en situation

Chapitre 7
**Se présenter/Présenter quelqu'un** ....................................................... 51
   Se présenter ........................................................................................ 51
      *Prendre en compte le temps imparti et l'information à transmettre* ........ 51
   Présenter quelqu'un .......................................................................... 52
      *Présentation directe* ........................................................................ 53
      *Présentation officielle* ...................................................................... 54

Chapitre 8
**Créer et maintenir un bon climat** ........................................................ 55
   Normaliser les relations et éviter les conflits ouverts ................. 56
      *Union politique et union amoureuse : en marche vers la réconciliation* ... 56
      *Restez optimiste* ............................................................................. 56
      *Minimisez les paroles qui ont été prononcées* .................................. 57
      *Mettez-vous à la place de vos interlocuteurs* ................................... 58
      *Montrez la confiance que vous leur portez* ...................................... 58
   En cas de situation sans issue apparente ....................................... 58
      *Proposez une pause* ....................................................................... 58
      *Proposez une rencontre dans un lieu neutre et plus informel* ........... 58
   Entretenir les contacts ..................................................................... 59
      *Minimisez les obstacles* .................................................................. 59
      *Rassurez* ......................................................................................... 59
   Les vertus du principe de précaution… ......................................... 60
   Les bienfaits des manifestations « spontanées » ........................... 60

Chapitre 9
**Exprimer son opinion** ............................................................................ 63
   Ne pas souhaiter s'engager ............................................................... 63
      *Préserver l'avenir* ............................................................................ 63

|       *Montrer sa bonne volonté* | 64 |
|       *Rendre hommage à certaines qualités* | 64 |
|       *Avouer ses incertitudes* | 64 |
|   Exprimer son désaccord | 64 |
|   Donner en toute franchise son point de vue | 65 |
|       *Se situer par rapport à une opinion exprimée* | 65 |
|       *Formuler sa propre opinion* | 68 |

## Chapitre 10
## Recueillir et donner des informations ............ 73

- Demander des informations .................. 74
  - *Choisissez le bon moment* .................. 74
  - *Précisez les raisons de votre demande* ...... 74
  - *Expliquez pourquoi vous prenez contact avec cette personne en particulier* ...... 75
  - *En cas de sujet sensible* ...... 75
- Obtenir des informations ...... 76
  - *Utilisez un langage direct dans un contexte informel* ...... 76
  - *Soyez prudent dans un contexte formel* ...... 77
- Donner des informations ...... 78
  - *Énoncez clairement l'information* ...... 78
  - *Argumentez* ...... 78
  - *Au besoin, témoignez de la satisfaction* ...... 78
  - *En cas de mauvaise nouvelle* ...... 79

## Chapitre 11
## Féliciter ............ 81

- Félicitations dans le cadre professionnel ...... 81
  - *Félicitations collectives* ...... 81
  - *Félicitations personnelles* ...... 82
- Félicitations de la vie courante ...... 83
  - *Pour un mariage* ...... 83
  - *Pour une naissance* ...... 84
  - *Pour un dîner, une réception* ...... 84
  - *À propos de la beauté d'une hôtesse* ...... 84
- Des félicitations aux compliments ...... 85

*Complimentez avec franchise et naturel* ............................................. 85
*À propos de la beauté d'un lieu* ..................................................... 85

## Chapitre 12
**Émettre une critique** ................................................................. 87
  La critique destructrice ............................................................ 88
  La critique constructive ........................................................... 88
    *Éprouver les vertus éducatives de la critique* ............................ 88
    *Savoir manier la critique* ..................................................... 90
  Donner un avis critique ........................................................... 92
    *Remerciez de la confiance accordée* ..................................... 92
    *Une certaine forme de modestie vous honore* ...................... 92
    *Adoucissez votre jugement* ................................................. 93
    *Mélangez critique et maïeutique* ......................................... 93
    *Ménagez la susceptibilité de votre interlocuteur* ................... 94
    *Faites preuve d'humanisme* ................................................ 95

## Chapitre 13
**Présenter des excuses** ............................................................... 97
  Les excuses après les faits ....................................................... 97
    *Différentes formes d'excuses* ............................................... 98
    *Trouvez des circonstances atténuantes* ................................ 98
    *Et reconnaissez vos torts* ..................................................... 99
    *Revenez sur votre position* .................................................. 99
  Les excuses pour l'omission d'un fait ..................................... 99
  Dans tous les cas, tentez de réparer ..................................... 100

## Chapitre 14
**Refuser** ..................................................................................... 101
  Trouver les bons arguments pour dire non ......................... 102
    *À l'évidence* ...................................................................... 102
    *Se retrancher derrière la loi* .............................................. 102
    *Faites valoir que vous avez tout essayé* .............................. 102
    *Montrez que vous appréciez la qualité du projet,*
    *la pertinence du sujet* ....................................................... 103
    *Manifestez votre intérêt* .................................................... 103

Fermeté n'est pas rigidité .................................................................... 103
   *Appelez à la compréhension de votre interlocuteur* ................. 103
   *Restez positif* ............................................................................. 104
   *Prouvez votre sensibilité à la situation énoncée* ...................... 104
   *L'espoir fait vivre* ..................................................................... 104

## Chapitre 15
**Répondre à une question délicate** ..................................... 105
   Le langage est une arme .................................................................... 105
   Les précautions oratoires .................................................................. 107
      *Faire preuve d'autorité évite des désagréments ultérieurs* .......... 107
      *User de phrases préliminaires* ................................................. 107
      *Remettre sa réponse à plus tard* .............................................. 108
      *Élargir la question* ................................................................... 109
      *Marquer son étonnement* ......................................................... 110
      *Invoquer l'amitié réciproque* ................................................... 110
      *Manier l'humour* ...................................................................... 110
   Ne pas sous-estimer l'émotionnel ..................................................... 111
      *Vie privée et vie professionnelle se rejoignent* ......................... 111
      *Ayez du tact* .............................................................................. 112

## Chapitre 16
**Exprimer un sentiment** ........................................................ 113
   Exprimer son mécontentement .......................................................... 114
   Exprimer sa surprise ............................................................................ 115
      *Bien réagir face à l'inattendu* .................................................. 115
      *Tout est dans le ton !* ................................................................ 115
      *La surprise est une boîte de Pandore* ...................................... 116
   Exprimer sa crainte ............................................................................. 116
      *Ne pas craindre d'évoquer… ses craintes* ............................... 116
      *Jouer les Cassandre* ................................................................. 117
   Exprimer sa joie ................................................................................... 117
      *Expressions courtes et spontanées* ........................................... 117
      *Expressions plus formelles et explicites* .................................. 118
   Exprimer son amitié ........................................................................... 118
      *Adapter le témoignage d'amitié à la situation* ........................ 118
      *Le témoignage d'amitié est d'un grand réconfort* ................... 118

## Chapitre 17
**Discours types** ........................................................................................... 121
   Pourquoi, pour qui le discours ? .......................................................... 122
   Quelle tonalité ? ...................................................................................... 122
   Comment traiter les thèmes abordés ? ................................................ 122
      *Les remerciements s'imposent* ........................................................ 122
      *Valorisez ou justifiez votre sujet* ..................................................... 123
      *Reliez le passé au présent et à l'avenir* ........................................... 123
      *Évoquez le cadre dans lequel le discours est prononcé* .................... 124
   Élaborer un plan structuré ..................................................................... 124
      *Resituez le sujet dans son contexte* ................................................. 124
      *Développez ensuite vos arguments* ................................................ 125
      *Expliquez le déroulement de votre discours* .................................... 125
      *Procédez par étapes* ......................................................................... 125
      *Concluez* .......................................................................................... 125
   Le vocabulaire clé du discours .............................................................. 127
      *Les expressions indispensables* ........................................................ 128
      *Les images à employer* .................................................................... 128

## Chapitre 18
**Proverbes et citations** ............................................................................ 133
   L'universalité des proverbes ................................................................ 134
   Les citations illustrent le propos .......................................................... 135

## Chapitre 19
**Comment le dire autrement** ................................................................ 139
   Éviter les paroles blessantes ................................................................. 140
      *À propos d'une personne* ................................................................ 140
      *À propos d'une chose, d'un élément* ............................................. 143
      *À propos d'un sujet* ........................................................................ 144
      *À propos d'un fait, d'une circonstance, d'une réalité* ................... 144
   L'enfer est pavé de bonnes intentions ................................................. 145
      *Pour un cadeau* ............................................................................... 145
      *Ne pas blesser* .................................................................................. 146
      *Un peu de douceur dans un monde qui en manque…* .................. 147
      *Dans le doute, abstiens-toi !* ........................................................... 147

« Vous n'avez pas su garder, sachez rompre » ............................................. 148
    *Vie privée* ............................................................................................................... 148
    *Vie professionnelle* ............................................................................................ 150

# PARTIE 3
## Aides et exercices

**Chapitre 20**

**Les difficultés du français** ............................................................................. 155
    La grammaire, un outil au service de l'expression ................................ 156
    Maîtriser la grammaire ...................................................................................... 157
        *Les substituts au subjonctif* ................................................................ 157
        *Mettez-vous d'accord avec les participes passés* ....................... 159
        *Respectez les concordances de temps* ............................................ 159
        *Allez au plus simple* ............................................................................... 160
        *Débusquez les faux amis* ..................................................................... 160

**Chapitre 21**

**Tests** ............................................................................................................................. 163
    1$^{re}$ série : Vocabulaire ........................................................................................ 164
    2$^{nde}$ série : Diplomatie ........................................................................................ 166

**Corrigés** ..................................................................................................................... 169
    1$^{re}$ série : Vocabulaire ........................................................................................ 169
    2$^{nde}$ série : Diplomatie ........................................................................................ 170

**Épilogue** ................................................................................................................... 173

Introduction

# Le rôle de la communication

La communication entre les individus est essentielle pour permettre une évolution harmonieuse des relations. Il existe de nombreux vecteurs ou signaux qui donnent des informations sur une situation donnée mais la parole est certainement le moyen le plus utilisé.

Les mots sont souvent plus dévastateurs que les actes. Bien choisis, ils permettent d'expliquer son point de vue et de clarifier les situations ; mal utilisés, ils aggravent les choses et mènent à des blocages. S'ils sont mis à notre disposition pour faire connaître notre pensée, il est clair qu'ils sont aussi à l'origine de bien des malentendus, voire de conflits.

Déjà dans sa propre langue, on remarque que la compréhension d'un message varie d'un individu à l'autre mais quand la langue parlée n'est la langue d'aucun des acteurs, la probabilité est encore plus grande que le message ne soit pas totalement compris.

Les liens avec le langage ne sont pas les mêmes d'un pays à l'autre. Les Latins ont un rapport plus étroit avec leur langue, elle fait partie d'eux-mêmes, les gens du Nord sont plus silencieux, ceux de l'Est plus réservés. Ainsi donc au-delà de la connaissance d'une langue, de nombreuses notions sont à connaître, beaucoup de pièges sont à éviter pour arriver à communiquer avec justesse.

Vous trouverez à la fin de ce livre un bref rappel des principales difficultés de la langue française. Des exercices vous permettront de vérifier vos connaissances en matière de tact et de diplomatie, mais aussi de syntaxe et de vocabulaire. Trouver le mot juste, élaborer la phrase claire sont les étapes indispensables pour une communication réussie. Tout exercice sans solution étant dans ce domaine sans valeur, vous trouverez également les corrigés.

# PARTIE 1

# Qu'est-ce qu'une communication réussie ?

Une communication réussie est obtenue quand le receveur d'un message le comprend dans le sens où il a été émis.

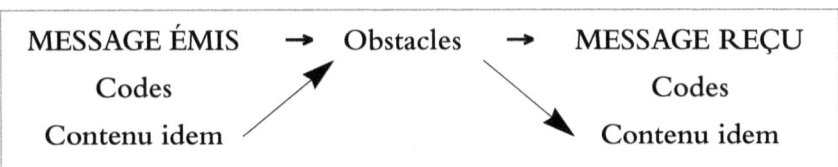

Cela implique que celui qui émet un message doit s'assurer que celui qui le reçoit possède les mêmes codes. En milieu international, la tâche est beaucoup plus difficile. Il faut intégrer des données culturelles et historiques qui éviteront bien des malentendus.

Il a été prouvé que les meilleurs échanges agissaient en « miroir ». On se sent plus à l'aise si l'autre vous ressemble. Sans être identique, celui en qui vous vous reconnaissez sera automatiquement plus proche de vous. Vous serez plus libre. Sans être complice, vous vous sentirez compris, voire accepté.

Le langage englobe plusieurs types de codes verbaux et non verbaux. Nous nous concentrerons ici sur le langage verbal.

Chapitre 1

# La diplomatie

Le mot « diplomatie » a deux sens : il désigne à la fois la conduite de négociations entre les personnes, les groupes, et les États par l'intermédiaire des diplomates, et un comportement fondé sur le tact, l'habileté et la psychologie. On dira ainsi : « *La diplomatie américaine revoit ses positions en Irak.* » Ou bien : « *Dans cette affaire, il faut agir avec diplomatie.* »

La même distinction se retrouve avec le mot « diplomate » qui fait référence soit à une profession qui régit les relations internationales, soit à une qualité bien particulière qui allie l'habileté à la prudence.

La diplomatie est donc la gestion pacifique des relations entre des individus par l'intermédiaire du dialogue. Elle exige des connaissances linguistiques et psychologiques, la seconde exigence étant au moins aussi importante que la première. Il faut faire passer un message d'une part, et savoir comment il va être reçu d'autre part. La communication fonctionnant dans les deux sens, il faut un contrôle de soi absolu pour réagir avec « diplomatie » aux critiques, aux attaques, aux propos exagérés ou mensongers, en termes diplomatiques : « à des conceptions différentes de la réalité ». La diplomatie a ses lois.

La maîtrise du langage est primordiale. S'il s'agit dans quelques cas d'un exercice de style où certains ont la réputation d'être brillants, la majorité des situations requiert d'abord un langage clair de façon à être compris. Il faut veiller à faire des phrases courtes, précises et éviter les mots qui ont un double sens (sauf si votre intention est de créer ce doute bien sûr).

En France, le langage diplomatique est souvent considéré comme une forme édulcorée du langage qui consisterait à éliminer ce qui pourrait blesser, choquer ou provoquer une réaction négative. Il sous-entend même parfois qu'on ne dit pas la vérité ou, au mieux, qu'on en cache une partie. Ces suspicions, si elles sont justifiées, n'en sont pas moins injustes. Un langage qui vise à ne pas porter atteinte à son interlocuteur devrait au contraire être apprécié comme un vecteur de paix, et mérite qu'on s'y intéresse.

Ce langage se pratique aussi bien dans la vie professionnelle et diplomatique que dans la vie privée. Quand on voit les conflits actuels dans le monde ou les tensions dans la vie quotidienne, on se dit qu'il est négligé ou qu'il n'est pas efficace. La vérité, comme toujours, est à mi-chemin. Le langage est un outil comme un autre, qui ne prend sa valeur que s'il est correctement maîtrisé.

Ce livre a pour but d'analyser les facteurs qui font obstacle à une bonne communication et de présenter un certain nombre de situations où le langage joue un rôle primordial pour maintenir un bon climat. Il propose une grande variété de phrases qui aideront à exprimer sa pensée avec clarté sans provoquer d'hostilité chez son interlocuteur.

Il s'adresse à tous ceux qui souhaitent améliorer leur relation dans leur environnement personnel ou professionnel grâce au langage ; il convient également aux diplomates non francophones qui veulent acquérir une plus grande maîtrise du français.

Une formulation choisie permet d'éviter le jugement tout en faisant passer le même message.

### Exemple
- « *L'enfant a disparu depuis 3 heures.* » (neutre)
- « *L'enfant laissé sans surveillance a disparu depuis 3 heures.* » (accusateur)
- « *L'enfant a échappé à la vigilance de ses parents.* » (diplomatique)

Chapitre 2

# Les niveaux de langue

Avant d'examiner la façon de faire passer un message, il est bon d'étudier les différents niveaux de langue afin de trouver le ton qui convient le mieux à la situation et aux rapports que vous entretenez avec votre interlocuteur. Trop de familiarité peut choquer, trop de froideur crée une distance.

Il existe globalement trois types de langage : le langage familier, le langage soutenu, le langage formel.

- Le langage familier est celui utilisé entre amis, collègues, avec les membres de sa famille. Il correspond au tutoiement et à une certaine liberté de parole.
- Le langage soutenu convient aux rapports moins fréquents. C'est le langage des journaux télévisés, des articles, etc.
- Le langage formel est celui des discours. On l'utilise avec des gens que l'on ne connaît pas ou avec lesquels on a des rapports de hiérarchie.

Les mêmes règles s'appliquent dans les cas cités puisqu'il y a avant tout le désir de maintenir un bon climat.

À côté de ces trois groupes, il y a bien sûr l'argot mais il trouve rarement sa place dans le monde diplomatique. On le trouve dans les films policiers, la langue vexatoire ou injurieuse, le langage des jeunes ou sous forme d'humour décalé.

### Exemple
Vous demandez à quelqu'un s'il accepte votre proposition :
A) Tu es d'accord ? Est-ce que tu acceptes ?
B) Donnez-vous votre accord ?
C) Puis-je espérer une réponse positive ?

Chapitre 3

# Le style

Les Français entretiennent un lien particulier avec leur langue. On leur reproche souvent dans les milieux internationaux de parler trop longtemps, de se préoccuper davantage de la forme que du fond. Ces reproches sont partiellement fondés. La langue française, qui a été pendant un temps la langue de l'élite européenne, avait été choisie pour sa précision. C'est justement cette précision et cette recherche de la beauté de la phrase qui sont en partie cause de son déclin. Le monde moderne s'accommode mal de cette recherche mais la tradition française du beau langage demeure. Cette beauté qui est reconnue nuit pourtant à son utilisation. En effet, à Bruxelles, dans les instances européennes où il y a aujourd'hui 23 langues de travail, beaucoup de non-francophones, impressionnés par les discours des Français se disent qu'ils ne pourront jamais s'exprimer de cette façon et choisissent l'anglais qu'ils maîtrisent mieux. Jacques Delors l'avait compris quand il disait : « La démocratie se passe de panache ».

## Qu'est-ce qu'une communication réussie ?

Ce livre voudrait donner les moyens d'atteindre un niveau de connaissance suffisant pour s'exprimer avec aisance.

Il existe des moyens simples d'arriver à la fois à la facilité d'expression et à un bon niveau de langue. L'aisance dans une langue repose sur deux choses :

- la connaissance de la langue ;
- la confiance en soi.

Les deux choses sont liées évidemment mais il y a un facteur psychologique indépendant. Il existe des individus qui, même avec des connaissances rudimentaires d'une langue, s'exprimeront sans complexe alors que d'autres, pourtant très avancés dans une langue, hésiteront à prendre la parole. Ce facteur psychologique est lié à la personne même et ne relève pas de l'approche de ce livre ; il demande un long travail de recherche personnelle alors que la confiance dans ses connaissances linguistiques peut être renforcée ici.

La clé de la confiance linguistique réside dans l'utilisation des phrases et des structures dont nous sommes sûrs. Il faut ensuite avancer progressivement, si on le souhaite, vers des structures plus élaborées. Il est conseillé, au début, de mémoriser des groupes de mots de façon à ne pas rester bloqué sur un mot, un verbe. Tout homme ou femme intelligente cherchera à éviter les situations où il (elle) se montre à son désavantage. C'est l'impression que l'on ressent quand on s'exprime avec hésitation et un vocabulaire limité. Il est donc important de pouvoir dépasser cet obstacle.

Même avec une parfaite connaissance de la langue, l'apprentissage semi-global est extrêmement utile.

La plupart d'entre nous ont une connaissance passive très étendue. En effet, si nous lisons un article, un livre, nous n'avons aucun problème pour comprendre le texte. Les mots pris dans leur

« contexte » sont lumineux, évidents, même un mot inconnu va trouver immédiatement son sens dans la phrase.

La connaissance active demande un effort supplémentaire, il s'agit alors de réemploi. Notre cerveau est une mécanique, il suffit de programmer certaines données. Dans le cadre familial, social ou professionnel, nous sommes exposés à des situations récurrentes et nous connaissons parfaitement les sujets abordés, la préparation ne pose donc aucun problème, elle demande simplement un investissement dont vous serez rapidement gratifié.

Dans le langage diplomatique, comme dans la plupart des langages spécifiques, tout est codé. Ce sont les mêmes phrases qui reviennent. Un ministre, quelles que soient ses attributions assurera en cas de problème que : « Toute la lumière sera faite sur cette affaire, qu'il s'y engage personnellement et qu'il mettra tout en œuvre pour aboutir ».

Ce livre ne vous encourage pas à utiliser le style que l'on reproche à certains francophones, il vise avant tout à faire du français une aide naturelle. Vous choisirez les phrases qui vous conviennent et qui viendront par la suite spontanément.

Les phrases types, les mots clés correspondent aux principales situations rencontrées aujourd'hui et commencent par les mêmes expressions :

— *« Dans le contexte actuel… »*

— *« Dans la situation mondiale actuelle… »*

— *« Dans le climat qui règne aujourd'hui… »*

— *« Étant donné les circonstances… »*

— *« Compte tenu des informations que nous avons/qui sont en notre possession/dont nous disposons… »*

— *« Le problème que nous rencontrons aujourd'hui est celui… »*

En ayant mémorisé ces phrases, vous pouvez déjà mentalement préparer la suite de votre intervention en ayant la certitude d'avoir bien commencé : gain de temps + gain d'assurance.

Certaines expressions faciles traduisent une bonne connaissance de la langue et ne présentent aucune difficulté grammaticale ou phonétique :

- « À ma connaissance » par exemple, permet de dégager votre responsabilité au cas où certains éléments vous auraient échappé et évite l'emploi de phrases difficiles à construire autant qu'à prononcer comme : « pour autant que je sache ».
- « À mon insu » est une façon courte et d'un niveau de langue soutenu de dire que « vous n'étiez pas au courant », et beaucoup plus facile à dire que « sans que je le sache ».

Ainsi, on peut parfaitement s'exprimer sans recourir à des structures compliquées.

Voici maintenant un exemple de styles différents pris dans la vie politique. Le premier est extrait d'un discours de Dominique de Villepin prononcé devant les Nations unies ; l'autre a été prononcé par Angela Merkel devant le Parlement. Ces deux discours ont été vivement applaudis. Leur style est totalement différent, l'un est fait de fougue et d'éloquence, l'autre est direct et émouvant :

### Discours de Dominique de Villepin à l'ONU le 14 février 2003

Monsieur le Président, à ceux qui se demandent avec angoisse quand et comment nous allons céder à la guerre, je voudrais dire que rien, à aucun moment, au sein de ce Conseil de sécurité, ne sera le fait de la précipitation, de l'incompréhension, de la suspicion ou de la peur. Dans ce temple des Nations unies, nous sommes les gardiens d'un idéal, nous sommes les gardiens d'une conscience. La lourde responsabilité et l'immense honneur qui sont les nôtres doivent nous conduire à donner la priorité au désarmement dans la paix. Et c'est un vieux pays, la France, un vieux continent comme le mien, l'Europe, qui vous le dit aujourd'hui, qui a connu les guerres, l'Occupation, la barbarie. Un pays qui n'oublie pas et qui sait tout ce qu'il doit aux combattants de la liberté venus d'Amérique et d'ailleurs. Et qui pourtant n'a cessé de se tenir debout face à l'Histoire et devant les hommes. Fidèle à ses valeurs, il veut agir résolument avec tous les membres de la communauté internationale. Il croit en notre capacité à construire ensemble un monde meilleur.

### Discours de la chancelière Angela Merkel devant le Parlement européen de Strasbourg le 17 janvier 2007

Mesdames et Messieurs,

Nombreux sont les citoyens européens qui ont aujourd'hui ce sentiment, ce que vous ressentez quand vous êtes à la maison. Ils se demandent : qu'est-ce que devrait être l'Europe ? Pourquoi avons-nous besoin de l'Europe ? Qu'est-ce qui fait l'essence de l'Europe ? Que signifie l'Europe ?

Certains pensent que cela n'apporte rien de vouloir déterminer l'essence de l'Europe. Pour être honnête, je vois les choses tout à fait autrement. Je me rappelle de Jacques Delors qui a prononcé cette phrase célèbre : « Il faut donner une âme à l'Europe ». J'y ajouterai ceci : nous devons trouver l'âme de l'Europe. En effet, nous ne devons pas donner une âme à l'Europe, car on la trouve déjà en chacun de nous.

Les exemples choisis ici correspondent à deux cultures européennes mais si on étend la recherche, on verra d'autres spécificités liées à la culture.

### Exemple

Dans l'écriture chinoise, ce caractère représente les céréales :

Si on ajoute le feu, cela représente l'automne :

Si on ajoute enfin le cœur ou le sentiment, cela devient la nostalgie :

Il y a dans cet assemblage de signes, une poésie et un hymne à la nature et aux couleurs bien éloignés de notre esprit cartésien.

Certaines langues comme la langue thaïlandaise ou indonésienne ne contiennent pas de temps. On dira : « aller nager hier/aller nager demain ». Cela met en lumière la relation au temps qui passe, très différente des cultures occidentales dans les pays d'Asie. Disposant de plusieurs vies, un être humain ne considère pas la mort comme le terme de son existence. Le temps prend là une valeur différente.

La notion de « classe » ou de « caste » est plus marquée dans certains pays et malgré de nombreuses tentatives, elle n'a jamais été tout à fait effacée mais elle a donné naissance à une hiérarchie très présente dans le monde des affaires. Elle prendra beaucoup de poids dans certains pays. Au Japon par exemple, on cherchera à s'adresser avant tout à son homologue au sein d'une firme étrangère, celui qui occupe la même position que vous. Ce sont pour eux des repères indispensables.

Si quelques langues semblent plus simples au niveau de la structure grammaticale, l'intonation traduira ce que les mots n'expriment pas, rendant leur maîtrise extrêmement difficile pour les Occidentaux.

Ces quelques considérations sur la façon dont les langues se sont construites révèlent avant tout des différences profondes entre les individus liées à leur mode de pensée. Il en découlera un grand nombre de styles. Peu importe celui que vous choisirez, mais l'objectif est avant tout d'être compris et d'être le plus proche de votre interlocuteur.

Clarté, précision, simplicité restent cependant une priorité
en milieu international (sauf s'il y a des interprètes,
mais là encore, il faut agir avec prudence).

Chapitre 4

# Les obstacles

Les obstacles à une bonne communication sont nombreux. Dans un contexte interculturel, la langue est l'obstacle majeur puisque c'est par elle que se fait la communication. Le comportement vient ensuite. Devenir adulte n'est finalement rien d'autre qu'apprendre à se comporter en société. Le comportement en termes de communication englobe divers aspects depuis la ponctualité, la tenue vestimentaire ou corporelle, le ton, les gestes, les regards… On pourrait résumer tous ces qualificatifs par un seul mot « **l'attitude** ». À partir du moment où ils ne sont pas appropriés, ces signaux modifieront le climat et porteront atteinte aux relations. Ces mêmes signaux existent dans la vie diplomatique et dans la vie quotidienne. Dans la vie quotidienne, on appellera ça le savoir-vivre ou tout simplement le bon sens ; dans le monde diplomatique, cela s'appelle l'étiquette. Ces règles font partie de notre environnement, il faut s'y plier si l'on veut donner une chance à la relation de se développer harmonieusement.

À tous ces facteurs personnels s'ajoute la situation exacte au moment où se produit l'échange. Ce cadre extérieur à la communication l'influence largement. Un entretien ne se déroulera pas de la même façon s'il a lieu en privé ou en public, en période de crise ou d'euphorie. De même en politique internationale, il sera beaucoup plus difficile de mener à bien une mission diplomatique dans un climat tendu ou chaque mot, chaque geste peut être interprété négativement. Les ennemis d'hier peuvent devenir les amis de demain. La politique aujourd'hui est largement influencée par l'économie, l'information circule en temps réel. La nature a horreur du vide, une alliance brisée sera vite reconstruite ailleurs. Tous ces éléments doivent être pris en considération, ils demandent une grande concentration et impliquent une réserve prudente. Ces qualités feront de vous un excellent diplomate ou simplement quelqu'un dont on apprécie la compagnie. Il existe un proverbe qui précise que : « La parole est d'argent, le silence est d'or ».

Ce proverbe existe dans presque toutes les langues, on peut penser qu'il traduit donc une certaine sagesse.

Sans aller aussi loin que Nietzsche qui disait que : « C'est la vérité qui tue », il faut admettre que : « Toute vérité n'est pas bonne à dire ».

Apprendre à discerner ce qu'on peut dire et ce qu'on ne peut pas dire est le premier pas vers la diplomatie.

**La diplomatie n'est pas l'école de la vérité mais l'école de l'équilibre.**

Parmi les obstacles liés au comportement, j'aimerais revenir sur l'aspect psychologique évoqué p. 28 à propos de la confiance en soi. Même si cet aspect des relations n'est pas l'objet de ce livre, on peut pourtant combattre certaines attitudes et s'améliorer dans ce domaine également.

Les obstacles

Le manque de connaissances linguistiques peut être comblé par un approfondissement du vocabulaire, des lectures ciblées, des exercices pratiques. Le comportement lui aussi peut être amélioré à condition d'être conscient de ses « tendances naturelles ». En effet, beaucoup de gens refusent d'accepter ou d'être mis en face de certaines facettes de leur caractère : celui qui est violent refusera d'admettre la violence de ses actes et les considérera comme des actes rares ou isolés, celui qui boit verra ce travers chez les autres mais ne le reconnaîtra jamais chez lui, beaucoup de gens indélicats refuseront d'admettre leur indélicatesse et accuseront les autres de sensibilité ou de sensiblerie, les bavards qui aiment s'écouter parler ne verront pas ce qu'il peut y avoir d'incorrect à monopoliser la conversation... L'énumération de travers humains pourrait être longue. Il s'agit seulement ici de bien analyser son comportement pour voir comment et à quel moment notre intervention est mal perçue, ou encore pourquoi nous avons parfois du mal à nous exprimer.

- *Est-ce une question de fond ou de forme ?* Une bonne préparation peut améliorer les choses.

- *Est-ce une question de personne ?* On peut identifier les personnes et chercher les raisons. Si ce problème de communication se répète, le problème peut venir de vous.

- *Est-ce notre voix (intonation-débit-accent) ?* Il faut s'entraîner à la lecture et à la relecture pour améliorer sa diction. Apprendre à découper un texte, une phrase par groupes de mots allant ensemble, favorise ainsi la compréhension.

- *Est-ce notre style ? Trop formel, trop familier ?* En général, nous sommes conscients de notre personnalité. Si c'est le cas, on peut trouver une explication : « Je prends cette conversation très au sérieux » ou au contraire « Je me sens en confiance avec vous, j'espère que ma spontanéité ne vous choque pas ».

- *Sont-ce les circonstances ? Les lieux ?* Choisir son moment, le meilleur endroit, fait partie du bon sens ou de la plus élémentaire stratégie.
- *Est-ce le sujet ?* Est-il nécessaire alors de poursuivre dans cette voie. De quelle autre façon peut-on aborder ce sujet ?

Il faut savoir se remettre en cause. Suis-je :

- clair(e) ?
- bien préparé(e) ?
- réaliste ?
- arrogant(e) ?
- autoritaire ?
- hésitant(e) ?
- indécis(e) ?
- agressif(ve) ?

Chaque question apporte une réponse qu'il vous faudra trouver, mais déjà le fait d'avoir posé la question vous aidera à surmonter le problème. Surveiller votre intonation, parler plus lentement, utiliser les mots qui pourront être compris, modérer vos réactions, éviter les attaques inutiles, tel est le difficile apprentissage de celui ou celle qui veut préserver ses relations. Une personne à qui je faisais remarquer qu'elle utilisait souvent un ton autoritaire me répondit qu'elle était comme ça et que si elle ne pouvait pas être elle-même, il lui était impossible de communiquer. Cette réponse était une demi-vérité : quand l'enjeu était important, cette personne savait parfaitement se contrôler, mais cela lui demandait un tel effort qu'elle ne pouvait maintenir ce contrôle d'elle-même en permanence.

« À l'impossible nul n'est tenu ». Ce sera à vous de déterminer les priorités.

## Chapitre 5

# Les trois tabous

Tous les sujets ne peuvent pas être abordés. En fonction de sa culture au sens large, une personne diplomate cherchera à éviter certains sujets ou certains comportements. On peut distinguer trois grands sujets : l'argent, le sexe, la religion.

## L'argent

Aux États-Unis, la reconnaissance sociale passe souvent par l'argent. On est fier de pouvoir annoncer ce qu'on gagne ou ce qu'on représente, « son poids » en quelque sorte.

En France, le luxe doit être reconnu par un petit nombre de privilégiés, il ne doit pas être ostentatoire.

Dans les pays du Nord, à majorité protestante, la « juntelov » précise qu'aucun individu n'est supérieur à un autre. Il en résulte une vie discrète et un grand civisme. Ne pas payer ses impôts au Danemark par exemple, sera considéré comme un délit grave qui peut entraîner la chute d'un homme politique alors que dans les pays plus latins, ce sera apprécié comme un fait de gloire.

Ce rapport à l'argent modifiera les rapports et les comportements dans les entreprises ou la vie diplomatique. Si la notion d'argent au niveau international est évoquée ici, c'est parce que nous évoluons aujourd'hui dans un monde globalisé. Dans les séminaires de formation professionnelle, on enseigne aujourd'hui avec beaucoup d'attention cette diversité culturelle, mais elle est rarement mise en pratique dans la vie de tous les jours dans notre propre environnement. Il est clair que celui qui a plus, devra garder une certaine discrétion devant celui qui a moins, et ne pas faire de cet avantage financier une supériorité morale.

## Le sexe

Le sexe au sein de la société a évolué au cours de l'histoire. Les fouilles et les découvertes à Pompée qui ont révélé des fresques intactes ont montré que les scènes érotiques décoraient les maisons patriciennes, les tombes elles-mêmes contenaient des dessins amoureux ; de même, les temples de certains pays d'Asie sont recouverts de sculptures très libres. La religion a mis un terme à la glorification des sens, et le sexe reste aujourd'hui un sujet tabou. En matière de sexe, la diplomatie va plus loin que les mots et s'accompagne d'une certaine rigueur vestimentaire, la nudité est réservée à une sphère strictement privée. Certaines tenues sont plus appropriées que d'autres en fonction des circonstances. La liberté de ton et de parole implique aussi une certaine réserve dans le choix des sujets abordés. Certaines anecdotes, plaisanteries ou jeux de mots doivent s'intégrer dans une « ambiance ». Un humoriste français disait : « On peut rire de tout mais pas avec n'importe qui ».

L'autre point sensible en ce qui concerne le sexe concerne l'égalité. En effet, si la charte des droits de l'homme a mis en avant l'égalité des individus, il y a encore un long chemin à faire avant que l'égalité ne soit totale.

## La religion

Le dernier point est de loin le plus sensible : la religion. Malraux[1] disait : « Le XXI$^e$ siècle sera spirituel ou ne sera pas ».

Ce sujet doit être traité avec beaucoup de prudence. La religion transcende les individus. Cette foi qui pousse l'homme à croire dans une force supérieure, créatrice du monde, a été souvent au cœur de bien des conflits. Les croyances religieuses varient avec les individus. Le respect de l'autre passe aussi par le respect de ses croyances.

Dans la vie quotidienne, la notion de tabou est beaucoup plus fluctuante et propre à l'histoire de chacun.

Au sein d'une famille où les relations sont parfois tendues, il ne faudra pas prononcer tel ou tel nom qui est devenu « tabou ». Leur seule évocation suffira à semer le trouble. La politique est aussi un puissant vecteur de discorde. Tout le monde connaît le dessin de Caran d'Ache avec son célèbre « Ils en ont parlé ! ». Il faisait référence à l'affaire Dreyfus qui a coupé la France en deux.

L'âge est également un sujet tabou. Certaines cultures africaines ou asiatiques ont pour « l'ancêtre » un respect profond, il est le garant de la tradition et porteur d'expérience alors que l'âge au contraire est très mal accepté dans les cultures occidentales. Cette fascination pour la jeunesse mène à bien des excès.

---
1. Il semble aujourd'hui que l'on imputerait à tort ces propos à l'auteur de *La Condition humaine*.

De nombreux sujets peuvent ainsi devenir « tabous ». L'activité professionnelle est un exemple parmi d'autres si un membre d'une famille vient de perdre son emploi.

L'évocation d'une disparition, d'une maladie va accentuer la peine dans le cas où son interlocuteur viendrait de perdre un être cher.

Vanter l'harmonie de son couple ou le bonheur d'être à deux devant une personne qui sort d'un divorce, d'une rupture est des plus mal venus.

Les paroles qui visent à généraliser des comportements et à critiquer un groupe donné risquent de provoquer une situation gênante si l'un des membres d'une famille appartient à ce groupe.

Il est clair que nous ne sommes pas en possession de toutes les informations concernant notre interlocuteur quand nous nous exprimons, mais beaucoup de paroles blessantes pourraient être évitées avec un tout petit peu plus de concentration. Ce souci de « l'autre » ne doit pas empêcher une certaine spontanéité et un désir de communication vraie.

La réelle diplomatie n'est pas l'apanage de ceux qui savent faire de belles phrases mais c'est le talent de ceux qui savent observer le monde qui les entoure avec empathie.

**Malheureusement, l'expérience ne s'enseigne pas.**

## CARICATURES FRANÇAISES

**UN DINER EN FAMILLE**

(PARIS, CE 13 FÉVRIER 1898)

par Caran d'Ache

— Surtout ! ne parlons pas de l'affaire Dreyfus !

— Ils en ont parlé...

Composition de Caran d'Ache (*Le Figaro*, 14 février 1898).

\* Sous la Restauration : *Surtout, n'en parlons pas !* voulait dire qu'il ne soit pas question du *Grand homme*, de Napoléon.
— Aujourd'hui... vraiment, les temps ont changé.

© Caran d'Ache, *Le Figaro*, 14 février 1898 in *L'Affaire Dreyfus et l'image*, Flammarion, 1898.

Chapitre 6

# L'abécédaire de la diplomatie

Avant de commencer l'analyse des phrases les plus utilisées, voici un petit abécédaire qui sera le premier pas vers le langage diplomatique. Les mots ont été sélectionnés avec soin et doivent faire partie du vocabulaire de référence de celui qui veut maintenir de bonnes relations avec autrui.

Présents à l'esprit, ils guideront vos pas vers un meilleur contrôle de la situation par des moyens pacifiques.

**A** comme ACCORD.
n.m. : Position commune à laquelle on est parvenu.
– « *Nous sommes heureux de pouvoir annoncer la signature de cet accord de coopération.* »
– « *Je suis entièrement d'accord avec vous.* »

**B** comme BIENVENUE.
adj. : Qualifie quelqu'un qui est accueilli avec bienveillance.
– « *Vous êtes le bienvenu parmi nous.* »
– « *Vos suggestions sont les bienvenues.* »

**C** comme CONFIANCE.
n.f. : Foi dans le comportement de l'autre.
– *« C'est un homme de confiance. »*
– *« Vous avez toute ma confiance. »*

**D** comme DIPLOMATIE.
n.f. : Qualité faite de prudence et d'habileté.
– *« Dans la plupart des rapports humains, il faut user de beaucoup de diplomatie. »*

**E** comme EMPATHIE.
n.f. : Faculté de se mettre à la place de l'autre.
– *« Un bon diplomate doit faire preuve d'empathie s'il veut trouver des solutions acceptables par les deux parties. »*

**F** comme FRANCHISE.
n.f. : Sincérité directe (rarement pratiquée mais souvent citée).
– *« Je vous parlerai avec franchise. »*

**G** comme GARANTIE.
n.f. : Assurance donnée que le contrat entre deux personnes sera respecté.
– *« Ceci est la garantie de notre bonne foi. »*
– *« Je n'ai pas besoin de garanties, votre confiance me suffit. »*

**H** comme HISTOIRE.
n.f. : Récit de l'humanité depuis sa création à nos jours.
– *« L'histoire s'écrit tous les jours. »*
– *« On oublie trop facilement les leçons de l'histoire. »*

**I** comme INTÉRÊT.
n.m. : ce qui nous apporte quelque chose.
– *« Notre intérêt à tous est de trouver une solution le plus rapidement possible. »*

**J** comme JUSTICE.
n.f. : Ce qui est équitable et conforme au droit.
— *« Il faut essayer d'agir avec justice. »*
— *« Justice est bien souvent synonyme de paix. »*

**K** comme KANT.
n.p. : Philosophe qui fonda son analyse sur la raison.
— *« Comme disait Kant : "L'état de paix parmi les hommes vivant les uns à côté des autres n'est pas un état naturel." »*

**L** comme LUCIDITÉ.
n.f. : Qualité qui permet de voir les choses, même déplaisantes, comme elles sont.
— *« La lucidité est indispensable en politique et en amour. »*

**M** comme MAÎTRISE.
n.f. : Très bonne connaissance d'un domaine.
— *« Il a une parfaite maîtrise de ses dossiers. »*
— *« La maîtrise de soi est la première discipline à acquérir. »*

**N** comme NATURE.
n.f. : Essence même des choses, telles qu'elles sont à l'origine.
— *« Il est dans la nature humaine de toujours vouloir plus. »*

**O** comme OPPORTUNITÉ.
n.f. : Chance à saisir, occasion favorable.
— *« Puisque j'ai l'opportunité de m'exprimer aujourd'hui, j'aimerais dire… »*
— *« Il faut savoir saisir les opportunités. »*

**P** comme PATIENCE.
n.f. : Qualité qui permet au temps de faire son travail.
— *« Patience et longueur de temps font plus que force ni que rage. »* (J. de La Fontaine)

**Q** comme QUALITÉ.
n.f. : Aspect positif d'une chose ou d'une personne.

— « *Je rends hommage à vos qualités de diplomate.* »

**R** comme REGRET.
n.m. : Sentiment de tristesse de ce qui ne s'est pas passé ou de ce qu'on n'a pas fait.

— « *Mon grand regret est de ne pouvoir assister à la réalisation de notre projet.* »

**S** comme SOUPLESSE.
n.f. : Aptitude se plier à des situations différentes.

— « *Si on veut vivre en harmonie, il faut montrer une certaine souplesse.* »

**T** comme TÉNACITÉ.
n.f. : Trait de caractère qui montre que l'on n'abandonne pas facilement ce qu'on a entrepris.

— « *Ce qu'il a obtenu, il le doit avant tout à sa ténacité.* »

**U** comme UNION.
n.f. : Création d'un groupe visant généralement à augmenter la force.

— « *L'union fait la force.* »

— « *Une union économique sera toujours plus facile à faire qu'une union politique. L'économie repose sur des chiffres, la politique sur des visions.* »

**V** comme VISION.
n.f. : Façon dont on perçoit les choses. Elle peut être réelle ou imaginaire.

— « *Tout homme politique digne de ce nom doit avoir une vision du monde qui tend à le rendre meilleur.* »

— « *Nous partageons la même vision.* »

**W** comme WATERLOO.
n.p. : Ville de Belgique où se déroula la dernière bataille de Napoléon.

– « *Waterloo, victoire pour les uns, défaite pour les autres, la vérité est rarement universelle.* »

**X** comme X.
n.n : lettre utilisée pour nommer quelqu'un dont on ne connaît pas ou ne veut pas dire le nom.

– « *Pour des raisons de confidentialité, je ne veux pas savoir de qui il s'agit mais êtes-vous sûr que votre Monsieur X soit digne de confiance ?* »

**Y** comme YALTA.
n.p : Ville où s'est tenue en 1945 la conférence qui partagea le monde.

– « *Pour comprendre le monde d'aujourd'hui, il faut revenir sur ce qui s'est décidé à Yalta.* »

**Z** comme ZÈLE.
n.n : Empressement à faire quelque chose.

– « *Il a accompli sa mission avec zèle.* »

# PARTIE 2

# MISE EN SITUATION

Cette deuxième partie est destinée à donner des exemples concrets de phrases à utiliser dans des situations spécifiques. Ce sont les situations les plus couramment rencontrées dans notre vie quotidienne tant professionnelle que personnelle. À chaque fois le registre de langue est indiqué. Il s'agit de mémoriser celles qui se rapprochent le plus de notre personnalité. Il est inutile et vain de chercher à transformer son comportement, mais il est nécessaire d'apprendre à l'utiliser au mieux. La timidité, la franchise, la spontanéité, un degré acceptable de confusion peuvent se transformer en atout si vous en connaissez les limites. Certaines précautions oratoires agiront autant comme mises en garde qu'aveux de confiance.

### Exemples

#### Formels

*Pardonnez ma franchise/mon inexpérience.*

*Je ressens toujours une certaine gêne si je dois aborder le problème de... (soutenu)*

*Parler en public me demande toujours beaucoup d'efforts...*

*Je ne suis jamais à l'aise dans ce genre de débats...*

*Malgré mon désir de bien faire, je ne suis pas à l'abri d'une erreur.*

*Je ne suis pas sûr (e) de saisir l'importance de...*

*Je ne connais pas très bien les habitudes en matière de…*

*Je reconnais mon ignorance dans ce domaine.*

*Pardonnez-moi si je commets un impair…*

*Si j'omets un détail important, je demande votre indulgence.*

*Malgré l'intérêt que je porte à… mes déclarations peuvent paraître…*

*Malgré les apparences, j'ai apporté le plus grand soin à ces recherches.*

*Je suis animé par les meilleures intentions et j'espère ne heurter personne en disant…*

**Informels**

*Tu me connais, je suis très direct(e).*

*Je n'ai jamais su faire preuve de tact mais je suis de bonne foi.*

*Je suis toujours gêné(e) si je dois parler de…*

*J'ai bien préparé mon intervention mais…*

*Je suis parfois un peu confus(e).*

*Je ne sais pas faire de jolies phrases mais je suis sincère.*

Vous pourrez ainsi plus facilement faire oublier votre faiblesse d'orateur, vos lacunes ou encore vous éviterez toutes accusations de provocation.

Chapitre 7

# Se présenter/Présenter quelqu'un

La première chose à faire si on ne se connaît pas ou si les présentations n'ont pas été faites est de se présenter. Après avoir donné son prénom et son nom, on ajoutera les éléments appropriés si la circonstance le demande : éléments professionnels si c'est dans le cadre de votre travail, relationnels s'il s'agit d'événements spéciaux ou familiaux. Viennent ensuite toutes les possibilités de rencontres liées aux intérêts individuels : loisirs, sport, musique, politique, etc.

## Se présenter

### *Prendre en compte le temps imparti et l'information à transmettre*

Tenez compte du temps que vous avez et du choix de l'information à donner :

– *« Anne Delalande, je suis l'assistante de M. Smidt. »*
– *« Pierre Roulin, je suis le nouvel attaché culturel. »*

— « *Jérôme Missonnier, je viens d'intégrer le service de M. X, je m'occupe de la comptabilité.* »
— « *Peter Mac Gowan, je fais un stage à l'ambassade.* »
— « *Claude Dubois, je suis en charge du programme informatique.* »

### Dans un cadre social
— « *J'ai connu François il y a trois ans quand il était en poste à Djakarta.* »
— « *Nous nous sommes déjà rencontrés chez les Brown.* »
— « *Je suis une amie d'enfance d'Isabelle.* »

### Dans un cadre sportif
— « *Je me suis mis au golf il y a deux ans et j'essaie de jouer régulièrement.* »
— « *Les raisons qui me poussent à jouer ne sont pas les plus nobles, ma seule ambition est de faire un peu d'exercice. La balle est accessoire.* »

### Dans un cadre politique
— « *Mon engagement est récent, mais il arrive un moment où il faut défendre ses choix.* »

### Dans un cadre musical
— « *Le piano a toujours été ma passion. Je joue depuis que je suis toute petite.* »
— « *Le violon est pour moi un moyen de trouver le calme. C'est mon ami le plus fidèle, il ne me déçoit jamais.* »

# Présenter quelqu'un

Les éléments que vous allez donner vont dépendre de l'image que vous voulez faire passer, du style de la rencontre, de ce que la personne souhaite entendre dire.

## *Présentation directe*
— « *Claude Lenoir, proche collaborateur de notre président.* »

### Se concentrer sur le poste occupé par la personne
— « *Permettez-moi de vous présenter Stéphane Lefranc,*
  - *il dirige le service de…* »
  - *il occupe les fonctions de secrétaire général.* »
  - *il fait partie de notre équipe.* »
  - *il est responsable du département des Affaires sociales.* »
  - *il travaille parmi nous en qualité de…/en tant que…* »
  - *il appartient au service d'interprétariat.* »
  - *il est chargé du service de communication.* »
  - *il assure le lien avec la presse.* »

On peut ajouter une petite remarque positive :
— « *Il assume sa tâche avec succès/brio/une grande compétence.* »

### Donner des précisions sur son parcours
Ces informations sont destinées à faire passer un message sur l'expérience, la fiabilité ou la compétence de la personne. Si ces éléments ne sont pas nécessaires, il est inutile de les donner. Une règle d'or de la diplomatie est la discrétion en ce qui vous concerne d'abord et pour les autres ensuite. On vous saura gré de cette discrétion qui fera de vous une personne de confiance.

— « *Il est parmi nous depuis quinze ans.* »
— « *Il a travaillé longtemps/de nombreuses années aux États-Unis.* »
— « *Il a travaillé successivement à Londres et à Bruxelles.* »
— « *Il a passé dix ans à Genève.* »
— « *Elle a publié de nombreux articles/ouvrages.* »
— « *Ses publications font référence en matière de stratégie politique.* »
— « *Il est à l'origine de notre projet sur la coopération spatiale.* »
— « *Il a participé à la conférence d'Arès.* »

**Mettre en avant ses qualités**
- *« C'est une remarquable linguiste. »*
- *« Il allie la compétence à la modestie. »*
- *« C'est un homme énergique. »*
- *« Son expérience nous est précieuse. »*
- *« C'est un bourreau de travail. »* (familier)

## *Présentation officielle*

On peut alors utiliser des formules plus académiques :
- *« J'ai l'honneur/le plaisir d'accueillir… ».*
- *« C'est pour moi un (grand) honneur/une (grande) joie/un (grand) plaisir de vous présenter… »*

suivies d'une brève biographie qui met en valeur votre invité et souligne les étapes importantes de sa carrière.

---

**Toujours se mettre à la place de la personne à présenter**

Il arrive que certaines personnes mentionnent des aspects particuliers de la vie ou du parcours d'un invité. Elles le font de bonne foi pensant que ce détail le rendra plus accessible, plus original. Malheureusement, les individus ne fonctionnant pas tous de la même façon, des détails que vous trouvez intéressants qui sont ainsi rapportés peuvent gêner la personne en question.

Se mettre à la place de l'autre veut dire « comprendre ses codes » et non pas vous projeter dans sa situation.

Chapitre 8

# Créer et maintenir un bon climat

La diplomatie consiste à maintenir des rapports harmonieux, à condition bien sûr qu'ils existent déjà. Dans le cas contraire, il faut tout faire pour d'abord créer un bon climat. Nous avons vu au début de ce livre que l'aspect culturel était très important. Une recherche préalable permet de savoir ce qui sera accueilli favorablement. Le manque de psychologie est souvent la cause de bien des erreurs. L'être humain, comme disait Kant, est « le centre de son monde », et il a tendance à voir le monde avec ses propres références.

Voir avec les yeux de l'autre, comme nous l'avons abordé au chapitre précédent, est un exercice qui s'acquiert avec l'expérience. Multiplier les initiatives, créer des contacts, telle est la mission du diplomate. Dans la vie de tous les jours, la création d'un bon climat se pose dans les mêmes termes. Après un échec professionnel, une rupture amoureuse, il faudra faire de gros efforts et oublier bien souvent son amour-propre si on veut renouer une relation.

Patience, inventivité, amnésie volontaire sont nécessaires
plus que toute autre chose.

Des paroles à la vérité changeante, tel un kaléidoscope, seront prononcées de part et d'autre. Ce n'est un secret pour personne que ce double langage fait partie du monde politique. Bien souvent, les grandes déclarations sont destinées aux opinons publiques, chacun devant préserver son image. Des défaites de façade auront des conclusions bénéfiques, des victoires coûteront très cher. Le temps sera le meilleur juge.

## Normaliser les relations et éviter les conflits ouverts

### Union politique et union amoureuse : en marche vers la réconciliation

— « Les problèmes qui nous divisent ne doivent pas porter atteinte au climat de cette rencontre. »
— « Ma chérie[1], nous traversons une crise, j'en suis bien conscient mais cela ne doit pas nous faire oublier tout ce qui nous unit/ces années de complicité/d'amour, de tendresse... »
— « C'est vrai, ça ne va pas fort en ce moment, mais entre nous c'est du solide. » (informel)

### Restez optimiste

— « Nous sommes tous ici conscients de la gravité de la situation, mais en travaillant ensemble, en conjuguant nos efforts, nous trouverons une issue positive. »

---

1. À éviter en cas de crise grave.

- « *Nous sommes ici pour trouver une solution acceptable pour chacun de nous.* »
- « *Je suis sûr(e) que nous trouverons une issue.* »
- « *Je ne veux fermer aucune porte.* »
- « *Nous sommes momentanément dans l'impossibilité d'accepter votre proposition mais je suis convaincu(e) que les obstacles seront bientôt levés.* »
- « *Nous mettrons tout en œuvre pour trouver une solution.* »
- « *Toute proposition sera accueillie avec le plus grand intérêt.* »
- « *Nous sommes très ouverts.* »
- « *Il n'y a aucune urgence. C'est un sujet que nous devons approfondir ensemble.* »
- « *Nos positions ne sont pas très éloignées.* »
- « *Nos divergences de vues sont partielles.* »

## *Minimisez les paroles qui ont été prononcées*

### Les vôtres...
- « *Il s'agit certainement d'un malentendu, je n'ai jamais voulu dire que…* »
- « *Mes paroles ont dépassé ma pensée.* »
- « *Dans le feu de la discussion, il arrive que certains mots nous échappent.* »
- « *J'étais en colère/Je me suis laissé entraîner, je ne pensais pas ce que j'ai dit.* » (informel)

### Ou celles d'un autre
- « *Je connais personnellement M. X,*
    - *il n'aurait jamais dit ça.* » (informel)
    - *il n'aurait jamais tenu de tels propos.* » (soutenu)
    - *il n'aurait jamais eu cet écart de langage.* » (formel)
- « *Ses paroles ont été mal interprétées, il voulait simplement dire…* »

- « Prise hors de son contexte, une phrase peut prendre un tout autre sens. Je peux vous assurer que M$^{me}$ X n'a jamais eu l'intention de... »
- « Ses propos étaient plus nuancés, il a mis en évidence... »

### *Mettez-vous à la place de vos interlocuteurs*

- « Je comprends parfaitement vos réticences. »
- « La décision que nous avons prise était inévitable, je peux vous assurer qu'elle n'aura aucune incidence sur nos relations. »
- « Il n'y avait pas d'autres alternatives, nous en sommes conscients. »
- « Je comprends ta réaction. » (informel)

### *Montrez la confiance que vous leur portez*

- « Vous avez toujours fait preuve de pragmatisme. »
- « Nous apprécions votre correction/persévérance/courage. »

## En cas de situation sans issue apparente

### *Proposez une pause*

- « Je crois qu'à ce stade, une pause est nécessaire. Nous pourrions réfléchir aux différentes options possibles. »
- « Une période de réflexion s'impose. »
- « Il vaut mieux arrêter/interrompre cet entretien. »

### *Proposez une rencontre dans un lieu neutre et plus informel*

- « M. X. propose de nous réunir dans ses bureaux. Pourquoi ne pas accepter sa médiation ? »
- « La proposition de M. X mérite qu'on s'y arrête. »

Dans beaucoup de conflits, un médiateur propose un endroit éloigné et réunit les protagonistes. Loin de la violence, il semble plus facile de trouver une solution.

## Entretenir les contacts

Dans des périodes moins troublées, il s'agit d'entretenir les contacts comme dans n'importe quelle relation.

### *Minimisez les obstacles*
– *« Ces déclarations n'ont rien d'inquiétant. »*
– *« Ces mesures ne sont pas exceptionnelles, il n'y a pas lieu de s'inquiéter. »* (formel)
– *« Ces mesures sont tout à fait banales, il n'y a aucune raison de s'inquiéter. »*
– *« Il n'y a rien là d'anormal. »* (informel)
– *« Tu connais Paul, il exagère toujours/en rajoute. »* (familier)

### *Rassurez*
– *« Je comprends ton inquiétude, mais elle n'est pas justifiée/ne se justifie pas. »*
– *« Tu as tort de t'inquiéter. »* (informel)
– *« Vos craintes sont justifiées/fondées/légitimes mais aucune décision n'a encore été prise. »*
– *« Nous maîtrisons parfaitement la situation. »*
– *« Nos services travaillent activement et le problème sera rapidement réglé. »*

### Montrez le souci que vous avez pour leurs intérêts
– *« Nous avons à cœur de sauver la forêt amazonienne/garantir les emplois/préserver le patrimoine. »*

- « *La lutte contre la mortalité infantile est au cœur de nos préoccupations.* »
- « *Nous mettons beaucoup d'espoir dans le développement de cette coopération économique.* »
- « *Nous sommes profondément attachés à ces rencontres périodiques.* »
- « *Nous voyons d'un œil favorable la création d'un observatoire.* »

## Les vertus du principe de précaution...

Les hommes politiques ont inventé une expression magique qui justifie toutes les initiatives contraignantes : le principe de précaution.

« Cette mesure a été prise en vertu du principe de précaution. » Rien n'est plus diplomatique que cette expression qui fait de la prudence la mère de tous les excès. Qui peut être contre une mesure de prudence ?

## Les bienfaits des manifestations « spontanées »

Les contacts bilatéraux informels permettent de nouer des relations personnelles. Ces liens d'amitié sont des vecteurs d'informations et de pacification. Un bon diplomate est doté d'une mémoire qui va bien au-delà des dossiers. Il connaît les parcours de ceux qui l'entourent, leurs goûts, leurs situations familiales. Il saura ce qui peut plaire ou déplaire. Le monde des affaires l'a parfaitement compris et il n'est pas une banque aujourd'hui qui ne souhaite l'anniversaire de ses clients ce qui, j'en suis sûre, ne fait pas plaisir à tout le monde.

Comme toujours, l'excès est nuisible. Un témoignage de sympathie dans un moment difficile, une joie sincère devant un succès mérité vont resserrer les liens. Des marques trop ostentatoires ou trop fréquentes risquent d'agacer et de provoquer l'effet contraire.

Les relations s'entretiennent. Les fêtes, les commémorations, les réceptions sont autant d'occasions de resserrer les liens. Elles sont faites en théorie pour honorer ses hôtes mais elles sont souvent l'occasion de faire passer d'autres messages. Une ambiance informelle, un spectacle de qualité et bien choisi feront avancer les choses. Dosage subtil, ces manifestations sociales sont à la fois beaucoup et bien peu de chose.

Chapitre 9

# Exprimer son opinion

Donner son opinion semble être la base même de la communication, le point de départ qui permettra un échange d'idées. Donner son opinion, c'est déjà s'engager. Or, dans de nombreux cas, on ne souhaite pas s'engager.

## Ne pas souhaiter s'engager

### Préserver l'avenir

Il existe des expressions qui vous laissent toute latitude[1] par la suite :

— « *Je prends note de votre position/acte de votre position.* » (soutenu)
— « *J'ai pris bonne note de ces informations.* »
— « *Merci d'avoir porté cela à mon attention/à ma connaissance.* » (formel)

---

1. « Les gens intelligents prennent beaucoup de latitude dans leurs attitudes. » (Jolie phrase entendue au hasard d'une conversation.)

### *Montrer sa bonne volonté*
- « Je vous ai écouté(e) avec un grand intérêt. »
- « Après vous avoir écouté, je comprends mieux votre point de vue. »
- « Cette explication était nécessaire pour une meilleure compréhension de la situation. »
- « J'apprécie cette clarification qui me permet de mieux connaître votre position. »
- « Je comprends ta position/ta façon de voir les choses. » (comprendre ne veut pas dire partager)

### *Rendre hommage à certaines qualités*
- « J'apprécie votre analyse/la précision de votre exposé/votre franchise. »
- « J'admire l'étendue de tes connaissances. »
- « Tu connais très bien ce sujet. »

### *Avouer ses incertitudes*
- « J'hésite à me prononcer sur cette affaire. »
- « Je n'ai pas encore une idée suffisamment précise. »
- « Je ne voudrais pas arriver à des conclusions trop hâtives. »

## Exprimer son désaccord

Il existe des mots qui ne portent pas ombrage aux relations futures mais qui montrent cependant son désaccord.

#### Exemple
À un journaliste chinois à Paris à qui on demandait quelle avait été la réaction de ses compatriotes devant les débordements parisiens au passage de la flamme olympique :
– « *Que ressentent les Chinois devant ces manifestations ?* »
Il répondit, après quelques secondes de réflexion :
– « *Je crois que c'est de l'incompréhension.* »
Il aurait pu utiliser des mots beaucoup plus durs : colère, indignation, choc, etc.

# Donner en toute franchise son point de vue

Si l'on veut réellement donner son point de vue, il faut distinguer deux cas : celui où on se situe par rapport à une opinion déjà exprimée, et celui où on formule sa propre opinion.

## *Se situer par rapport à une opinion exprimée*

Il existe trois attitudes possibles, on peut :

- la partager ;
- la partager avec réserve ;
- ne pas la partager.

### La partager, marquer son accord

Il y a peu de difficulté à s'exprimer si on est d'accord :

— « Vous avez tout à fait raison. »

— « Je partage votre opinion/point de vue/vision des choses. »

— « Je suis absolument d'accord. »

— « C'est exactement ce que je pense. »

— « C'est également mon avis. »

— « Vous traduisez ma pensée. » (formel)

— « Je vous approuve. »

— « Je vois les choses de la même façon. »

De façon plus directe, dans une conversation informelle, un adverbe suffit :

- tout à fait ;
- entièrement d'accord ;
- exactement.

ou même un adjectif :

- parfait ;

- excellent ;
- très juste.

**La partager avec réserve**

■ *Nuancer sa pensée*
– « *Je partage en grande partie/partiellement/globalement.* »
– « *J'ai quelques réserves.* »
– « *J'émets quelques réserves.* » (plus formel)
– « *Je ne conteste pas certains éléments.* »
– « *Avec de grandes réserves, je donne mon accord.* »

Cette dernière phrase est particulièrement utile, elle montre votre bonne volonté et, en même temps, vous protège en cas de problèmes éventuels.

■ *Retarder le moment de se prononcer*
– « *Je crois qu'il est difficile de donner une opinion globale/générale.* »
– « *Il me semble prématuré de donner une réponse à ce stade.* »

■ *Montrer ses regrets de ne pas être du même avis*
– « *J'aimerais pouvoir partager votre point de vue/optimisme/enthousiasme/analyse.* »
– « *On peut voir les choses de façon légèrement différente…* »
– « *Globalement, c'est assez exact…* » (deux restrictions ici)

■ *Marquer son estime tout en étant d'un avis différent*
– « *Malgré l'estime que je vous porte…* »
– « *Bien que j'aie la plus grande estime pour votre engagement, je ne peux partager votre point de vue.* »
– « *J'ai la plus grande estime pour votre travail/expertise/vos compétences, mais j'ai encore quelques hésitations.* »

### ■ *Introduire ensuite les points de désaccord*
— « *Il est exact que...* »
— « *On ne peut nier que...* »
— « *On constate effectivement que... mais/en revanche/toutefois/néanmoins/pourtant.* »

### ■ *Puis argumenter*
— « *Nous ne devons pas oublier que...* »
— « *Il faut rappeler/tenir compte/prendre en compte/en considération...* »
— « *Il faut dire aussi que...* »
— « *Il faut reconnaître que...* »

Le « oui, mais » restera toujours la restriction la plus facile.

**Ne pas la partager**

Si vous n'êtes vraiment pas d'accord, il faut pouvoir le dire :

### ■ *Avec tact*
— « *Notre approche est différente.* »
— « *Notre vision des choses n'est pas la même.* »
— « *Je vois les choses sous un angle différent.* »
— « *Malheureusement je ne peux adhérer à ce projet.* »
— « *Je ne peux pas vous suivre dans cette approche.* »
— « *Je respecte votre point de vue mais je ne peux le partager/y souscrire* (formel). »

### ■ *Avec simplicité*
— « *Je ne suis pas d'accord.* »
— « *Ce n'est pas mon avis.* »

### ■ *Avec franchise*

— *« Notre analyse est diamétralement opposée. »*

— *« Je ne partage pas du tout votre point de vue. »*

## Formuler sa propre opinion

Formuler sa propre opinion consiste à donner la traduction verbale de ce qui représente le fruit de nos connaissances, de nos analyses ou de nos réflexions. Il s'agit parfois d'un simple commentaire à partir d'une affirmation émise par quelqu'un d'autre.

### Les réponses courtes

Si le sujet est délicat, la difficulté sera de trouver une façon de vous exprimer qui ne portera atteinte à votre/vos interlocuteurs.

### ■ *Minimiser l'urgence, la gravité de la situation*

À l'opinion émise :

— *« Cette affaire risque de détériorer les relations entre l'Angleterre et la Russie[1], et de provoquer un retour à la guerre froide. »*

Votre réponse sera :

— *« Il s'agit d'une crise en effet, mais il ne faudrait pas en exagérer la portée. »*

Vous ne devez pas oublier qu'ici vous représentez votre pays.

Le même type de réponse peut s'appliquer à la famille, au personnel d'une entreprise, etc.

---

[1]. Évitez les doubles adjectifs si vous n'êtes pas sûr(e) : anglo-russe ou utilisez-les dans l'ordre que vous connaissez.

■ *Et adopter une neutralité bienveillante*

La difficulté consiste souvent à se montrer solidaire tout en gardant une certaine neutralité.

À l'opinion émise :

– *« Le "non" français et néerlandais au référendum a paralysé les Institutions. »*

Votre réponse sera :

– *« Je crois qu'il a permis une période de réflexion dont l'Europe avait besoin. »*

Vous ne rejetez pas le traité constitutionnel, donc pas de prise de position sur le fond, mais une valorisation du « non » au profit d'une réflexion plus poussée.

Ces prises de position montrent qu'il existe un moyen de se situer par rapport à une opinion donnée sans vraiment s'engager sur le fond, en particulier lorsqu'il s'agit de dossiers sensibles.

Voici maintenant deux exemples de propos de politiques qui ne manquent pas d'humour à force de diplomatie…

### À tout seigneur, tout honneur !

Lors des dernières élections présidentielles, à un journaliste qui accusait Ségolène Royal d'avoir fait disparaître l'électorat d'extrême gauche, le porte-parole du PS avait répondu diplomatiquement :

– *« Non, il y a eu un glissement qui correspondait à un vote "utile". »*

Un homme d'affaires était accusé de n'avoir pas dit la vérité. À un journaliste qui dénonçait cette attitude à l'un de ses proches, ce dernier avait répondu :

– *« M. X n'a pas menti, il a différé l'information. »*

Cette réponse est à la limite du « diplomatiquement correct ». Mentir ne se situe pas dans le temps, il s'agit bel et bien ici d'une manipulation de la vérité.

Mise en situation

### Les réponses argumentatives

Dans le cas d'interventions plus longues, une réflexion s'impose. En règle générale, l'enchaînement des idées passe par l'utilisation de mots clés qui permettent d'articuler son argumentation.

■ *Prendre position...*
- « *Le dialogue est la seule voie qui mène à la paix. En effet, comment pouvoir espérer des changements si nous nous refusons à tout contact ?* »
- « *L'ouverture est une preuve de grandeur puisqu'on crée l'unité par l'adhésion et non par la force.* »

■ *Ou ne pas prendre position*
- « *Un homme politique doit faire preuve de fermeté qui seule provoque le respect.* »
- « *Si la tolérance me semble être la vertu première d'un homme de bien, elle est souvent synonyme de faiblesse pour un homme d'État.* »

■ *Annoncer le plan*
- « *L'organisation d'un référendum est une étape décisive dans la vie démocratique, mais cela ne peut se faire sans une politique d'information efficace.* »
- « *Le chômage est un fléau mais avant d'en trouver les remèdes, cherchons à en connaître les causes...* »

■ *Souligner les différents points*

- D'abord... en premier lieu/ensuite... en second lieu.
- D'une part/d'autre part.
- D'un côté/d'un autre côté.
- En outre/de plus.
- Enfin...
- Pour terminer...

Exprimer son opinion

■ *Tirer les conclusions*
- « *Cela montre/prouve bien…* »
- « *Cela démontre que…* »
- « *Cela permet de conclure que…* »
- « *Il n'y a, à mon sens, plus aucun doute que…* »
- « *Il faut donc prévoir/changer/améliorer/augmenter/ralentir/etc.* »
- « *On peut logiquement/légitimement en déduire que…* »
- « *Pour ma part, c'est comme ça* (informel)/*ainsi* (plus formel) *que je vois la situation.* »
- « *Telle est, à mon avis, la situation.* »

L'adjectif « tel » est précieux, soit pour conclure comme dans la phrase ci-dessus, soit pour remplacer n'importe quel mot (que vous ne trouvez pas au moment où vous parlez) en gardant une qualité de langue élevée :

- Il a montré un courage **extraordinaire** → un tel courage !
- Il a commis une **grave** erreur → une telle erreur…
- Comment ne pas admirer une **si grande** générosité → une telle générosité ?
- Comment accepter un comportement **aussi dangereux** → un tel comportement ?

Chapitre 10

# Recueillir et donner des informations

Le diplomate agit le plus souvent comme un intermédiaire. Il est en mission pour analyser la situation. Il véhicule l'information dans les deux sens. S'il s'agit d'un diplomate de carrière, il fait connaître la position de son pays sur les différents dossiers en cours et fait parvenir à ses supérieurs les informations qu'il recueille dans le pays où il est envoyé. S'il est accrédité, c'est qu'il a l'estime du pays hôte. Se plier à certaines coutumes et se conformer aux usages en vigueur font partie de ses devoirs tout en conservant son identité. Paradoxalement, le monde diplomatique est un monde virtuel qui isole de la vie qui se déroule sous ses yeux. Ce sont des acteurs au service d'une cause.

## Demander des informations

Sans être dans la diplomatie, la vie offre en permanence l'occasion de demander des renseignements ; ne serait-ce que pour être à même de se forger une opinion. Les mêmes règles s'appliquent dans tous les cas de figure.

### *Choisissez le bon moment*

Il y a toujours quelques précautions à prendre, surtout si on est en situation de demande. Il faut, en particulier, s'assurer que le moment est bien choisi pour effectuer sa demande. Curieusement, cette politesse élémentaire, pour que l'échange se passe bien, a tendance à disparaître, surtout au téléphone. Beaucoup de démarchages et de ventes à distance se font le soir, et rares sont les vendeurs qui vous demandent s'ils ne vous dérangent pas. C'est un tort, parce qu'ils indisposent déjà celui qui vient de rentrer chez lui et qui aspire à un peu de paix.

– « *Dis-moi si je te dérange ?* » (informel)

– « *Dis-moi si je tombe à un mauvais moment ?* » (informel)

– « *J'espère que je ne vous dérange pas ?* » (soutenu)

– « *Je ne voudrais pas abuser de votre temps.* » (formel)

### *Précisez les raisons de votre demande*

– « *On m'a chargé d'une enquête sur…* »

– « *Nous rédigeons un rapport sur… et certaines données nous seraient utiles / sont nécessaires.* »

– « *Une étude est en préparation sur… Pour être le plus complet possible / précis possible, il faudrait également intégrer les chiffres de…* »

– « *Auriez-vous la gentillesse de me communiquer les derniers résultats de… ?* »

## *Expliquez pourquoi vous prenez contact avec cette personne en particulier*

### Mentionnez les raisons qui vous ont poussé(e) à entrer en relation

– « *Je sais que vous êtes la personne responsable de…* »
– « *On m'a dit que vous étiez la personne en charge de… c'est la raison pour laquelle je viens vous trouver.* »
– « *Vous êtes la personne la mieux placée pour me renseigner…* »
– « *Vous êtes le meilleur spécialiste en matière de recherche contre la pollution.* »
– « *J'aimerais profiter de votre expérience en matière…* »
– « *En tant que spécialiste de… vos conseils seront très utiles/ indispensables.* »
– « *Je vous serais très reconnaissant si vous pouviez m'apporter votre aide.* »
– « *Vous êtes un scientifique reconnu/un diplomate de renom… votre aide sera précieuse.* » (formel)
– « *Je sais que tu connais très bien le domaine de… j'ai besoin de ton aide.* » (informel)

### Ou citez la personne qui est à l'origine de cette rencontre

– « *Je viens vous voir de la part de M. X/sur les recommandations de M. X* »
– « *Votre nom m'a été donné par M. X, nous travaillons ensemble sur…* »
– « *J'ai eu ton nom par Georges.* » (informel)

## *En cas de sujet sensible*

### Mettez les formes

Si la question est délicate, personnelle ou embarrassante, certaines précautions sont préférables :

– « *Je sais que cette question est un peu délicate mais…* »

- « *Je ne veux en aucun cas vous placer dans une situation inconfortable, mais certaines données sont nécessaires à la bonne compréhension du dossier…* »
- « *Je ne voudrais pas vous mettre dans l'embarras mais j'aimerais savoir si…* »
- « *Ma question n'a rien de personnel mais quelles sont les raisons qui vous ont poussé à… ?* »
- « *Ne voyez aucun caractère désobligeant dans cette question mais on parle beaucoup des difficultés que rencontrent…* »
- « *Pardonnez-moi d'aborder un sujet aussi délicat, mais…* »
- « *J'ai cru comprendre qu'il y aurait des changements dans l'équipe de M. X,*
    - *qu'en penses-tu ?* » (informel)
    - *avez-vous des informations à ce sujet ?* »
    - *est-ce que ces rumeurs sont fondées ?* »

### Donnez des garanties de discrétion
- « *Vous pouvez compter sur ma discrétion.* »
- « *Tout ceci restera entre nous mais je dois pouvoir me faire une opinion,* (informel) / *me forger une opinion.* (formel) »
- « *Rien ne filtrera de notre entretien.* »
- « *La plus grande discrétion est nécessaire / de rigueur.* »
- « *Je peux vous assurer de ma discrétion.* »

## Obtenir des informations

### *Utilisez un langage direct dans un contexte informel*
- « *Comment comptes-tu obtenir cet argent ?* »
- « *Comment comptez-vous réunir les fonds nécessaires… ?* »
- « *Comment comptez-vous réduire le nombre de… ?* »

- *« Comment allez-vous procéder pour... ? »*
- *« Combien de pays sont-ils prêts à signer ? »*
- *« Quand pourrons-nous avoir une réponse ? »*
- *« Quand pourras-tu me donner ta réponse ? »*
- *« Que penses-tu du départ de M. X ? À ton avis, c'est personnel ou professionnel ? »*

## *Soyez prudent dans un contexte formel*

- *« Nos partenaires se sont montrés très patients, je crois qu'il est temps de leur communiquer nos résultats/donner une réponse/faire part de notre décision/etc. »*
- *« La réputation dont jouit votre société est excellente, les résultats sont éloquents mais ce rachat implique une énorme mise de fonds, comment envisagez-vous le financement ? »*

Le renseignement obtenu, n'oubliez pas de remercier la personne par courtoisie d'abord, par intérêt ensuite.

---

**Formules de courtoisie à utiliser sans modération au quotidien**

Une petite remarque sur les formules de courtoisie qui accompagnent les demandes les plus banales ou les « ordres » que l'on donne dans la vie quotidienne : « Ferme la porte », « Réponds au téléphone », « Donne-moi ce document », « Montre-moi ça », etc. Il ne s'agit pas d'ajouter systématiquement une formule qui allonge votre phrase, surtout dans les situations d'urgence, mais simplement de maintenir un climat de respect :

– « *Est-ce que tu peux ouvrir la porte ?* » (informel)

– « *Est-ce que je peux vous demander de me communiquer ce texte ?* » (soutenu)

– « *Auriez-vous l'amabilité de m'appeler avant 6 heures ?* » (formel)

## Donner des informations

### Énoncez clairement l'information

L'information, pour être comprise correctement, devra être formulée de façon explicite :

– *« En accord avec nos partenaires européens, nous avons pris la décision de… »*

– *« Après une analyse approfondie de la situation, nous sommes arrivés à la conclusion que… »*

– *« Les mesures adoptées visent à favoriser/renforcer la coopération entre nos deux pays. »*

– *« Les chiffres montrent/mettent en avant/en évidence/illustrent/démontrent/traduisent l'intérêt croissant pour notre action… »*

– *« Ce projet s'inscrit dans le cadre des actions entreprises pour consolider nos liens. Il montre notre attachement à…/notre désir de voir se développer un partenariat équitable… »*

### Argumentez

Avec une bonne argumentation, vous éviterez des réactions hostiles ou des refus. Les explications sont souvent nécessaires :

– *« En raison de nombreux incidents survenus récemment, il est nécessaire d'envisager un système de protection efficace… »*

– *« Face aux chiffres alarmants/à la montée du chômage/à la recrudescence de la violence, nous devons recourir à… »*

### Au besoin, témoignez de la satisfaction

Si le résultat est le fruit de négociations, on peut d'abord se féliciter :

– *« Mesdames et Messieurs, c'est avec joie que je peux vous annoncer la création/la décision/l'ouverture de… »*

- « *C'est avec une profonde satisfaction que je vous annonce officiellement la mise en place d'une cellule de recherche consacrée à la protection de l'environnement.* »
- « *Grâce à une coopération dynamique / l'effort de chacun, nous enregistrons les meilleurs résultats jamais obtenus / notre objectif est atteint.* »

### Art de politiciens

Les résultats sont souvent mitigés. Chacun choisit sa méthode. Les politiciens ont souvent l'art de donner aux chiffres un « **éclairage particulier** ». Au vu des mêmes résultats, les uns verront une défaite écrasante, alors que les autres verront une augmentation constante…

– « *Compte tenu des attaques dont nous avons été l'objet, nous pouvons nous estimer satisfaits des résultats obtenus.* »

– « *Je crois qu'il ne faut pas comparer ces chiffres à ceux des législatives, mais plutôt à ceux des présidentielles. Nous pouvons dire que notre électorat est stable.* »

– « *C'est un message que les électeurs ont envoyé, nous les en remercions.* »

## *En cas de mauvaise nouvelle*

Malheureusement, il arrive parfois que l'information à donner soit réellement mauvaise :

- « *C'est avec une profonde tristesse que le conseil a décidé de se retirer.* »
- « *Je suis au regret de vous annoncer l'abandon de notre projet.* »
- « *C'est un moment extrêmement difficile pour moi ; je suis dans l'obligation de vous annoncer…* »
- « *Nous regrettons vivement que…* »
- « *Malgré l'attention que nous avons portée à votre dossier, nous ne pouvons répondre positivement à votre demande. En effet…* »
- « *Nous avons examiné votre proposition avec le plus vif intérêt, mais nous ne pouvons envisager une modification du statut dans un avenir proche.* »

## Mise en situation

Certains événements tragiques font partie de l'actualité :
- « *L'espoir d'assister à la libération des otages avant la fin de l'année est faible/s'amenuise.* »
- « *Malgré les efforts déployés par la communauté internationale, les autorités locales, on reste sans nouvelles de…* »
- « *En dépit des mesures mises en vigueur depuis 2006, nous déplorons un trop grand nombre de victimes.* »
- « *Le bilan est lourd, cet accident a fait de nombreuses victimes.* »
- « *Nos pensées vont aux familles qui ont perdu un des leurs.* »
- « *Nous sommes profondément déçus par l'échec des négociations… nous y avions mis toute notre énergie.* »
- « *Les pourparlers sont momentanément interrompus.* »

Chapitre 11

# Féliciter

Féliciter ne présente *a priori* aucune difficulté. Il s'agit de reconnaître le talent, les mérites, le succès des autres. Ces félicitations doivent être sincères et appropriées. Si ces deux conditions ne sont pas réunies, on peut arriver très vite à l'ironie ou au ridicule.

## Félicitations dans le cadre professionnel

### Félicitations collectives

Les félicitations peuvent porter sur un effort général :
- « *Nos efforts ont été récompensés. Nous pouvons nous réjouir de ce succès.* »
- « *Nous devons cette réussite au travail de chacun, nous pouvons être fiers.* »
- « *Après de longs et pénibles efforts, nous avons atteint notre objectif.* »
- « *Ce succès, c'est à vous tous que je le dois.* »

## *Félicitations personnelles*

### Pour une récompense, un prix

– « *Cette récompense est méritée, elle est le résultat/le fruit de plusieurs années d'efforts.* »
– « *Vos recherches ont été couronnées de succès, toutes mes félicitations !* »
– « *Je tiens à vous présenter toutes mes félicitations pour l'attribution de ce prix qui récompense si justement votre engagement en faveur de la cause européenne.* »

### Pour la grandeur d'une action

Il y a des actes difficiles, courageux, généreux qui forcent l'admiration :

– « *Il a fallu beaucoup de courage pour entreprendre une telle réforme.* »
– « *Le succès n'était pas garanti/pas acquis, il a fallu beaucoup de persévérance.* »
– « *Cette initiative était risquée, vous avez agi de main de maître.* »

### À propos d'une nomination, une élection

– « *Permettez-moi au nom de toute notre équipe, de vous adresser nos plus vives félicitations. Nous sommes fiers et heureux d'avoir été vos collaborateurs.* »
– « *J'adresse toutes mes félicitations à notre jeune collègue qui vient de réussir brillamment le concours de…* »
– « *Je vous présente mes plus vives félicitations. Le succès (éclatant[1]) que vous venez d'obtenir démontre la confiance que le peuple français/italien/etc. au-delà de ses diversités porte à votre action autant qu'à votre personne.* »

---

1. En fonction des résultats bien sûr.

**Pour une activité menée avec brio**

Un travail, un discours, une recherche, une étude particulièrement réussie méritent une remarque positive :

- « *J'ai beaucoup apprécié votre intervention. Vous avez réussi à expliquer clairement ce qui pour moi était extrêmement confus.* »
- « *Bravo pour ton intervention. C'était excellent.* » (informel)
- « *Cette note est remarquable. Vous avez mis en lumière des éléments nouveaux.* »
- « *Cette étude est une contribution remarquable dans un domaine très complexe/pointu.* »
- « *Plus que la qualité de l'information, plus que le style, c'est le souci de vérité que j'apprécie.* »
- « *Je rends hommage à votre talent/sagesse/travail/clairvoyance/esprit de synthèse/rigueur.* »

## Félicitations de la vie courante

Les circonstances de la vie appellent des félicitations plus naturelles.

### *Pour un mariage*

**Félicitations conventionnelles**

- « *Je vous présente tous mes vœux de bonheur.* »
- « *Mes vœux de bonheur vous accompagnent.* »
- « *Je formule tous mes vœux de bonheur.* »

**Félicitations plus originales**

- « *On se marie pour le meilleur et pour le pire, je vous souhaite le meilleur.* »
- « *Moi aussi, j'ai commis ce que beaucoup appellent une folie et je ne l'ai jamais regrettée.* »

### *Pour une naissance*

– « *Je viens d'apprendre la naissance de ton fils. Toutes mes félicitations !* » (informel)

– « *Permettez-moi de vous féliciter pour cet heureux événement.* »

### *Pour un dîner, une réception*

– « *Je vous remercie de cette très agréable soirée.* »

– « *Nous avons passé une merveilleuse soirée.* »

– « *C'est toujours un plaisir d'être parmi vous.* »

– « *Je suis toujours sensible à la qualité de votre accueil.* »

### *À propos de la beauté[1] d'une hôtesse*

– « *Le rouge te va si bien…* » (informel)

– « *Tu es rayonnante…* »

– « *Tu es très en beauté, tu sais que je suis un de tes fidèles admirateurs…* »

– « *Ma chère, vous êtes éblouissante !* »

– « *Mon cher, quelle élégance !* »

– « *Quand l'intelligence se marie à la grâce, c'est un instant de bonheur qui est offert…* »

Des phrases comme celles-ci, à mi-chemin entre la poésie et la sophistication, conviennent uniquement dans un certain environnement.

---

1. Certaines cultures n'ont pas le même regard sur les femmes, il convient d'être prudent en matière de compliments.

# Des félicitations aux compliments

## *Complimentez avec franchise et naturel*

Si vous voulez dire quelque chose de chaleureux à votre concierge le matin parce qu'elle est toujours souriante et qu'elle fait bien son travail, dites simplement :

- que vous appréciez ce qu'elle fait.
- qu'elle fait un bon travail.
- que l'immeuble n'a jamais été si bien entretenu.

et si vous vous sentez l'âme poétique :

- que c'est un rayon de soleil.

Les choses les plus simples sont souvent les plus touchantes.

## *À propos de la beauté d'un lieu*

— *« Cet endroit est magnifique ! »*

— *« Ce cadre est somptueux, c'est un privilège d'être dans ces lieux… »*

On peut apprécier la beauté même si elle ne répond à ses propres critères. Ce n'est pas trahir sa pensée que de faire un compliment sur quelque chose :

— *« Tu as décoré cette maison avec beaucoup de goût… »*

— *« Tu as su tirer parti de l'espace… »*

— *« Cette maison vous ressemble, elle est chaleureuse ! »*

N'oubliez jamais qu'un compliment, s'il est sincère et mesuré, fera toujours plaisir. Malheureusement aux compliments succède parfois la critique…

Chapitre 12

# Émettre une critique

« La critique est aisée, et l'art est difficile[1]. ». Cette phrase fréquemment citée, qui a pour but de rendre hommage à l'action et au travail accompli plutôt qu'à la parole, ne met pas en valeur la difficulté d'une critique constructive. La critique est rarement bien acceptée, et lorsqu'on vous demande votre avis, c'est souvent dans l'espoir de recevoir des félicitations. La plupart des critiques ne sont pourtant pas faites à la demande de l'intéressé et visent le plus souvent à nuire à la personne critiquée. Dans des relations que l'on veut harmonieuses, la première chose à faire avant d'émettre une critique est de savoir si elle est utile, ou plus exactement si elle va changer les choses. Si elle n'apporte aucun changement positif, il faut abandonner immédiatement cette idée. Si au contraire, elle risque de provoquer une amélioration de la situation, on peut réfléchir à la meilleure façon de la formuler.

---

1. De Philippe Destouches, écrivain un peu oublié aujourd'hui. On lui doit quelques phrases célèbres : « Chassez le naturel, il revient au galop », « Les absents ont toujours tort ».

La diplomatie, quand elle est liée à la politique, pratique la critique sous deux formes : l'une très peu « diplomatique » dans le sens où il s'agit publiquement de condamner une action, l'autre, au contraire, veut faire passer un message de mécontentement ou d'insatisfaction de manière positive et discrète.

## La critique destructrice

- « *Nous condamnons vigoureusement/fermement/vivement les violences commises.* »
- « *Nous condamnons avec force l'ingérence de…* »
- « *Nous nous élevons avec vigueur contre l'établissement de…* »
- « *La décision unilatérale de suspendre le…/d'envoyer des troupes constitue une atteinte grave au droit international/une violation du droit international.* »

## La critique constructive

### *Éprouver les vertus éducatives de la critique*

#### Un peu de diplomatie ne nuit pas au résultat à obtenir

Dans le cas de rapports hiérarchiques, il est évident qu'un supérieur est en position de force, mais cela n'exclut pas un peu de diplomatie :

- « *Cette note est un peu succincte, je crois que ce serait bien d'y ajouter les résultats de 2006/j'aimerais y voir figurer les résultats de 2006 comme nous l'avions décidé.* »
- « *Je ne vois pas le rapport de juillet. Il doit absolument figurer dans cette étude.* »

Si on ajoute « Sans doute est-ce un oubli ? », sans être clairement énoncée, cette critique est perceptible et fait comprendre qu'il est urgent d'ajouter le rapport en question.

## Jugez l'action, pas la personne

— « *Vous m'aviez assuré que ce texte serait prêt à la fin de la semaine. J'ai quelques inquiétudes mais je vous fais confiance.* »

— « *Pour mener à bien cette recherche, je vous avais conseillé une enquête auprès des services spéciaux. Je crois que cela n'a pas été fait. Si vous rencontrez des difficultés, n'hésitez pas à m'en parler, nous ferons le nécessaire.* »

— « *Je sais qu'il est difficile de se procurer ces notes mais avec un peu de persévérance, on arrive à tout.* »

— « *Je viens d'apprendre que le bureau de Londres était au courant de nos projets. N'oublions pas que la discrétion est une qualité première.* »

Dans ces phrases, on a évoqué les insuffisances sans mettre directement en cause la personne responsable.

## Faites preuve d'une certaine indulgence

— « *Nous avons tous beaucoup de travail, chacun doit assumer sa tâche, le succès de l'équipe en dépend. Je regrette néanmoins que ce travail n'ait pas été fait.* »

— « *Je sais que vous traversez des moments difficiles mais votre travail ne doit pas en souffrir outre mesure.* »

## Décodez le vocabulaire utilisé

Les verbes « regretter » et « déplorer » expriment souvent une critique voilée :

— « *Nous regrettons le manque de transparence.* »

— « *Nous déplorons la dégradation des bâtiments qui ne donnent pas à cet endroit la majesté qu'il mérite. C'est le dernier vestige de la période...* »

## *Savoir manier la critique*

### « Prudence est mère de sûreté »

Parfois, la critique directe est impensable, il faut alors se montrer extrêmement prudent :

- *« Il y avait plusieurs façons d'agir. L'option choisie a certains avantages, mais elle comporte de grands risques ; nous sommes en train d'en faire la preuve. »*
- *« Ce projet est intéressant/original, mais il peut d'entraîner un conflit ouvert avec notre principal fournisseur. »*
- *« Je trouve cette idée extrêmement intéressante, mais il manque quelques précisions. »*

### Montrez l'estime que vous avez pour la personne

- *« Tu as toujours agi avec la plus grande prudence/beaucoup de sérieux/ un grand savoir-faire, mais il me semble que là nous nous engageons sur un chemin hasardeux. »*
- *« J'ai toujours apprécié ton professionnalisme, c'est la raison pour laquelle je me suis tourné(e) vers toi/j'ai fait appel à toi, mais je dois dire que je ne suis pas tout à fait satisfait(e). »*
- *« On peut pardonner une erreur chez quelqu'un qui en commet si peu. »*
- *« Je comprends votre souci de voir un aboutissement rapide à ce projet, mais changer de stratégie à ce stade me semble préjudiciable à nos intérêts. »*

### Utilisez à bon escient la critique ouverte

■ *De personne à personne*

S'il s'agit d'un homologue, un langage direct est acceptable, si vous le connaissez bien :

- *« Je trouve ton comportement un peu léger/cavalier, nous étions pourtant d'accord. »*

— *« Je ne m'attendais pas à ça de toi. Nous sommes des amis proches, tu aurais dû m'en parler. Nous nous trouvons maintenant dans une situation très délicate. »*

### ▪ *Dans un cadre professionnel*

Un langage direct peut être un choix pour provoquer un sursaut :

— *« Mesdames et Messieurs, j'en viens directement aux faits. Les récents événements sont indignes de l'Institution que vous représentez. Vous qui symbolisez l'ordre et le droit avez fait preuve d'une négligence coupable. »*

— *« Mesdames et Messieurs, j'irai droit au but. Ces actes de négligences sont inadmissibles dans l'enceinte d'une société qui, depuis plus d'un siècle, est synonyme de qualité et de fiabilité. »*

### ▪ *Dans un cadre amical*

De même, on peut imaginer une intervention portant sur l'affectif dans le but de provoquer un ressaisissement :

— *« Je n'irai pas par quatre chemins. Comment vous, mes meilleurs amis, avez-vous pu faire ça ? Jamais je ne l'aurais cru, ni même imaginé. »*

### Centrez-vous sur les faits et non sur les personnes

— *« Les chiffres sont mauvais, il faut progresser. »*

— *« Je viens de recevoir plusieurs plaintes en ce qui concerne la lenteur des dossiers. Il faut revoir le système de répartition. Cette situation ne peut plus durer. »*

— *« Ce texte risque d'être mal interprété, il faudrait y apporter quelques changements. »*

Mise en situation

# Donner un avis critique

Le dernier point de ce chapitre concerne les réponses à donner si on vous demande votre avis. Rares, tout au moins chez les Français, sont ceux qui acceptent une critique négative fût[1]-elle bénéfique. Il faut donc, sans trahir la vérité, faire une critique générale qui tiendra compte du bon et du moins bon.

## *Remerciez de la confiance accordée*

Les précautions oratoires sont souvent utilisées sous forme de remerciements à ceux qui font confiance à votre jugement, votre honnêteté et votre esprit d'analyse :
— « *Je suis très flatté(e) que tu t'adresses à moi.* »
— « *Je suis fier(e) de penser que je peux t'aider.* »
— « *Je suis honoré(e) de la confiance que vous me faites.* » (formel)
— « *Je suis très fier(e) de penser que je peux vous apporter une aide quelconque/fût[2]-elle minime.* » (formel)
— « *Je suis heureux de pouvoir mettre ma modeste expérience à ta disposition/au service d'une noble cause.* »

## *Une certaine forme de modestie vous honore*

La modestie est aussi une forme de prudence voilée :
— « *Je le ferais bien volontiers mais je ne suis pas sûr(e) d'être compétent(e) en la matière.* »
— « *Je suis mauvais juge.* »
— « *Avec plaisir, mais je ne sais pas si mes conseils sont bons.* »
— « *Je suis prêt(e) à vous aider mais vous ne devez pas accorder trop d'importance à mes critiques.* »

---

1. Remplacer par « même si elle est négative » pour plus de facilité.
2. Remplacer par « même si elle est minime » si vous n'aimez toujours pas le subjonctif.

– « *Je ne suis pas sûr(e) d'avoir l'expérience nécessaire / le regard suffisant / la vision d'ensemble nécessaire pour te conseiller utilement.* »

mais cette modestie vous honore, et a l'avantage de vous protéger en cas d'erreur de jugement.

## *Adoucissez votre jugement*

Maintenant arrive le moment de dire ce que vous pensez. Essayez de glisser une remarque positive qui rendra votre jugement moins sévère :

– « *Tu as un don pour l'écriture, c'est certain, mais je ne sais pas si tu es en phase avec le goût de jour. Aujourd'hui on veut du sensationnel !* »
– « *Malgré ton talent, l'originalité du style, ce sujet a été souvent traité…* »
– « *Personnellement j'aime beaucoup ce que tu fais, mais est-ce que ça va plaire ? Je ne peux pas te le dire…* »
– « *J'ai trouvé beaucoup de choses intéressantes dans ce que tu dis, mais es-tu sûr que c'est le bon moment ? Nous sommes en pleine période électorale / crise économique / mutation / restructuration. L'avenir est bien incertain… Personne ne sait où nous allons !* »

## *Mélangez critique et maïeutique[1]*

Critiquer un projet ou une décision revient parfois à montrer les conséquences néfastes de ce projet ou de cette décision. En agissant ainsi, la critique disparaît au profit d'un conseil judicieux ou d'un « éclairage nécessaire » :

– « *Ton projet est audacieux mais tu risques gros !* » (informel)
– « *J'ai peur[2] que vous ne preniez de grands risques.* » (soutenu)
– « *Je crains que vous ne couriez de grands risques.* » (formel)

---
1. Maïeutique : (philo) art de faire découvrir certaines réalités grâce à des questions.
2. On oublie parfois que les verbes de crainte se construisent avec « ne » et le subjonctif. Pour contourner la difficulté, on peut aussi dire : « Tu cours de grands risques, j'en ai peur. »

- « *Je comprends les avantages d'aller à… (informel)/de s'installer à… (soutenu)/d'opter pour… (formel) la campagne, mais une grande maison implique de lourdes charges. Es-tu prêt à les assumer ?* »
- « *Cette méthode me semble risquée/aléatoire. Vous courez de gros risques.* »
- « *À mon avis, vous risquez de compromettre des années de patience et d'efforts.* »
- « *Il me semble qu'à votre place je ne m'engagerais pas sur cette voie, mais il est vrai que j'ai tendance à être trop prudent.* »
- « *Tu as toujours rêvé de cette voiture, mais est-ce qu'elle ne va pas t'empêcher de vivre comme tu l'entends ?* »
- « *Tu es toujours très direct, c'est une qualité que j'apprécie chez toi mais là, je trouve que tu as été un peu dur !* »
- « *En agissant ainsi tu te montres trop conciliant, cela peut se retourner contre toi.* »
- « *Je dirais que la fermeté porte souvent ses fruits, mais il faut parfois savoir se monter souple…* »
- « *Tu n'as rien à gagner en envoyant cette lettre. À ta place, je ne le ferais pas (informel)/je m'abstiendrais (formel)* »
- « *Il est toujours difficile de se mettre à la place des autres, mais dans ce cas-ci, je crois que je renoncerais à ce projet ; il me semble très risqué !* »

## *Ménagez la susceptibilité de votre interlocuteur*

Même pour des sujets légers, la critique doit être mesurée. La susceptibilité varie d'un individu à l'autre et ce qui, vous, ne vous dérangerait pas pourrait irriter quelqu'un d'autre.

- « *Ce n'est pas ce qu'on porte habituellement pour un déjeuner/une conférence.* » (informel)
- « *Cette tenue te va très bien, mais elle n'est pas tout à fait adaptée à la circonstance. Cette décontraction risque d'être prise/interprétée pour du mépris (soutenu)/synonyme de mépris.* »

— « *Compte tenu des goûts de Jacques, cette idée de cadeau est excellente/ je suis sûr(e) que cela lui plairait beaucoup, mais il s'agit d'un anniversaire particulier, il faudrait peut-être de trouver quelque chose de plus marquant.* »

## *Faites preuve d'humanisme*

Avoir à l'esprit le souci de ne pas blesser, est un exercice difficile parce qu'il demande une attention permanente à l'AUTRE. Emportés par la discussion, animés par le désir de convaincre, nous oublions que certaines paroles peuvent blesser.

Pourtant, le plus grand problème est ailleurs. Dans beaucoup de cas, nous savons très bien que nos paroles sont blessantes, mais il y a dans la nature humaine un certain plaisir à constater que d'autres font des erreurs, qu'ils ne sont pas parfaits, et si l'occasion nous est donnée, il est difficile de résister à cette petite satisfaction d'amour-propre et d'avoir un instant, « un instant seulement » comme dit Brel, l'illusion d'être supérieur. Des phrases comme : « Si tu réfléchissais avant de parler », « Si tu dépensais moins », « Si tu te renseignais avant », etc. sont désobligeantes et souvent inutiles. Il vaut mieux donner directement un conseil pratique ou proposer une solution positive pour régler le problème. Volontaires ou accidentelles, ces critiques dégradent progressivement les rapports et peuvent avoir des conséquences graves.

Être diplomate, c'est avoir une vision positive des rapports humains.

Chapitre 13

# Présenter des excuses

Malgré la plus grande vigilance, on ne peut éviter certaines erreurs. Les moyens de télécommunication accélèrent l'information et la répandent rapidement. Si on veut éviter une détérioration des rapports, il faut présenter des excuses et faire oublier l'incident.

## Les excuses après les faits

Dans la vie quotidienne, les excuses doivent être prononcées avec conviction. Au-delà des mots, c'est le regret sincère que l'on doit sentir. La plus belle phrase émise avec légèreté sera moins efficace qu'une simple phrase reflétant votre sincérité. S'excuser ne supprime pas l'affront, la peine ou la déception, mais permet une normalisation des rapports.

Dans la vie diplomatique, l'excuse doit être à l'image de l'affront. Dans ces jeux éminemment codés, chaque parole doit être pesée pour espérer un retour en grâce.

## *Différentes formes d'excuses*

### Simple et efficace

— « *Je suis désolé(e).* »

— « *Je regrette sincèrement.* »

— « *Je ne voulais pas te blesser. Si c'est le cas, je te fais toutes mes excuses.* »

### Conventionnelle

— « *Je vous prie d'accepter toutes mes excuses.* »

— « *Mon intention n'était nullement de vous blesser/porter atteinte à votre intégrité/minimiser votre rôle/critiquer votre action/sous-entendre que…* »

— « *J'ai commis une erreur, j'espère que vous voudrez bien accepter mes excuses…* »

— « *J'espère que vous voudrez bien me pardonner…* »

— « *J'ai agi avec légèreté, j'en suis conscient(e) aujourd'hui.* »

## *Trouvez des circonstances atténuantes*

Replacez vos excuses dans le contexte, et expliquez les raisons de ce manque de discernement :

— « *J'ai commis une erreur, je le reconnais, mais elle est due avant tout à mon inexpérience, je n'avais pas compris l'importance de…/j'avais sous-estimé le rôle de…* »

— « *Je ne voyais pas dans cette lettre des points susceptibles de provoquer une opposition aussi vive. J'ai manqué de discernement, je l'avoue.* »

— « *À la lumière des derniers événements, je comprends ce que
  - mon initiative avait d'inapproprié/de prématuré.* »
  - *ces paroles pouvaient avoir de choquant/douloureux/déplaisant/déplacé.* »

### *Et reconnaissez vos torts*

Expliquez les raisons de votre choix et tentez de minimiser votre erreur :

– « *Cette cérémonie s'inscrit dans le cadre d'une réconciliation nationale ; cette exposition n'avait pas sa place, je le comprends au vu des nombreuses lettres que j'ai reçues. Je pensais que l'art sublimait l'histoire. C'est une erreur. Je prie ceux et celles qui y auraient vu un manque de respect ou un désir de choquer de bien vouloir m'excuser.* »

– « *J'avais donné libre cours/carte blanche à cet artiste de renom pour exécuter cette statue. Là a été mon erreur.* »

– « *Mon but était de servir la science, je ne pouvais imaginer l'usage que l'on ferait de ces recherches.* »

### *Revenez sur votre position*

– « *Je vous avais mal jugé(e). Pardonnez ces propos un peu durs.* »

– « *J'ai manqué de jugement/discernement. Je suis sincèrement désolé(e).* »

– « *Il s'agit d'une horrible méprise. J'espère que vous voudrez bien me pardonner.* » (soutenu)

– « *J'ai pris cette décision en fonction des éléments que l'on m'a transmis et je n'ai pas pris la peine de vérifier ces informations. Je suis entièrement responsable.* »

– « *J'ai fait preuve de négligence et j'aimerais réparer cette erreur. Accepteriez-vous de participer à… ?* »

## Les excuses pour l'omission d'un fait

Dans un cadre informel, vous pouvez aussi vous excuser pour ce que vous n'avez pas fait.

– « *Je suis désolé(e), je n'ai pas eu le temps de faire/terminer/finir ce rapport.* »

— *« Je dois vous présenter mes excuses, je n'ai pas encore terminé cette étude mais j'en connais les lignes directrices / je suis en mesure de vous donner les informations essentielles. Nous pouvons commencer la réunion. »*

Évidemment dans le cas de cette dernière phrase, la situation est idéale. La « faute » est rapidement effacée et votre efficacité n'est pas remise en cause.

## Dans tous les cas, tentez de réparer

Une erreur sera plus facilement pardonnée si vous apportez un moyen de la rattraper, ou au moins essayez :
— *« Je vous assure que cela ne se reproduira plus. »*
— *« Des démarches ont été entreprises afin qu'une telle situation ne se reproduise plus à l'avenir. »*

Chapitre 14

# Refuser

Toute position de pouvoir ou de prestige entraîne de la part de ceux qui vous entourent des sentiments mitigés. L'estime, l'admiration, le respect sont les aspects positifs. L'envie, l'intérêt sont beaucoup moins appréciables et font de vous des cibles potentielles. Vous serez sollicité(e) de part et d'autre et il est parfois difficile de refuser. On admet mal que quelqu'un qui jouit d'un certain pouvoir n'en fasse pas bénéficier les autres. Il s'agit là d'une forme de favoritisme que la déontologie vous empêche de pratiquer. On disait que dans l'armée, il fallait connaître le général ou son aide de camp. Il n'est donc pas nécessaire d'être au sommet de l'État pour être soumis à ce genre de pression. Refuser, tout comme critiquer, est un exercice délicat. La personne qui vous portait aux nues quand elle avait un service à vous demander, est prête à se transformer en ennemi si elle a le sentiment d'avoir été repoussée.

La morale, l'éthique ne sont pas toujours des raisons acceptées. Il règne en France une certaine suspicion à l'égard du pouvoir comme à l'égard de l'argent, qui exercent tous deux un mélange de fascination et de rejet.

## Trouver les bons arguments pour dire non

### *À l'évidence*

Certaines situations seront faciles à régler :

— « *Je ne peux malheureusement pas vous aider/Je regrette de ne pouvoir (vous) être d'aucun secours, les aides à l'exportation ne sont pas de mes compétences/les mesures de sécurité sont prises au niveau européen, elles ne relèvent pas de ma compétence.* »

— « *J'aurais aimé pouvoir vous aider, mais ces dossiers ne sont pas dans mes attributions.* »

Là, on ne peut rien vous reprocher. Tout au plus pourriez-vous orienter la recherche :

— « *Je vous conseille de contacter M. X, c'est lui qui est en charge de ce dossier.* »

### *Se retrancher derrière la loi*

La législation en vigueur est une raison majeure de refuser. Personne n'est au-dessus des lois.

— « *Le recrutement des fonctionnaires se fait uniquement par le biais de concours ouverts. Je suis malheureusement dans l'incapacité de vous apporter une aide efficace. Je vous suggère de contacter le service de recrutement qui vous donnera les modalités des différents concours. Je formule pour vous tous mes vœux de succès.* »

— « *J'ai une mauvaise nouvelle, malheureusement je ne peux donner suite à votre candidature pour un poste de… notre effectif est complet pour le moment.* »

### *Faites valoir que vous avez tout essayé*

— « *J'ai fait circuler votre dossier dans les différents services. Ils m'ont assuré qu'il serait examiné avec un œil favorable.* »

— « *La porte reste ouverte.* »

## *Montrez que vous appréciez la qualité du projet, la pertinence du sujet*

— « J'ai lu votre mémoire avec le plus grand intérêt et j'y ai trouvé des remarques d'une grande valeur, mais la publication d'un ouvrage est décidée uniquement par un comité de lecture à qui j'ai transmis votre manuscrit. Je suis sûre qu'il retiendra leur attention. »

## *Manifestez votre intérêt*

Vous serez invité(e) à des conférences, à des colloques, à des dîners auxquels vous ne pourrez pas toujours assister :

— « Je suis tout à fait conscient(e) de l'intérêt de ce congrès/colloque/séminaire, mais je serai dans l'incapacité de m'y rendre à la fin de l'année ; en effet, c'est à cette date que se tient le Conseil... »

— « Malheureusement je ne peux accepter votre aimable invitation, mon emploi du temps est très chargé en cette période de l'année/j'ai déjà un engagement pour cette date. »

— « Je vous remercie de votre invitation et j'espère pouvoir me rendre à... mais je ne peux m'engager aujourd'hui fermement pour une date aussi éloignée. Je suis prisonnier/tributaire de certains engagements internationaux/familiaux/professionnels. »

# Fermeté n'est pas rigidité

## *Appelez à la compréhension de votre interlocuteur*

On peut vous demander un service délicat :

— « Je comprends la difficulté de votre situation mais ce que vous me demandez est impossible,
  - ce serait donner une bien mauvaise image de notre service. »
  - ce serait en quelque sorte travestir la vérité. » (formel)
  - je ne peux pas donner une image qui ne serait pas conforme à la réalité. »
  - c'est une question de principe. J'espère que vous admettez. »

— « Une telle déclaration de ma part est impossible, je n'étais malheureusement pas là quand les faits se sont produits. Je suis vraiment désolé. »
— « Malgré l'amitié que je te porte, je ne veux pas m'engager sur ce chemin. »

### *Restez positif*
— « *Es-tu sûr*
  - *qu'il n'y a pas d'autres solutions ?* (informel) /*d'autres alternatives ?* »
  - *qu'on ne peut pas trouver d'autres options ?* »
— « *Avez-vous exploité toutes les possibilités ?* »

### *Prouvez votre sensibilité à la situation énoncée*
Montrez que refuser est quelque chose de difficile pour vous :
— « *J'aurais aimé pouvoir t'aider…* »

### *L'espoir fait vivre*
Laissez un peu d'espoir si vous pensez pouvoir agir :
— « *Je vais voir ce que je peux faire mais mon influence est limitée.* »
— « *Je ne voudrais pas créer des espérances inutiles. Les chances de succès sont faibles.* »
— « *Il ne faut pas se faire trop d'illusion.* » (informel)

Chapitre 15

# Répondre à une question délicate

Malgré toute votre bonne volonté ou votre sagesse, vous pouvez vous trouver dans l'obligation de répondre à une question délicate. Il existe de nombreuses techniques pour réagir dans ce genre de situations.

## Le langage est une arme

La culture française qui fait du langage une arme de précision aura tendance à donner beaucoup de détails de façon à ce qu'on puisse voir le problème dans son ensemble. Dans certains cas, ce souci du détail sera très utile ; dans d'autres, il pourra nuire à la compréhension ou à l'efficacité, particulièrement en milieu international.

Mise en situation

### À chacun son style de diplomatie !

Cela se passe pendant la première guerre du golfe. Il se trouve qu'à une semaine d'intervalle, on a posé la même question à deux diplomates : l'un est un ancien ministre des Affaires étrangères français, l'autre, Tarek Aziz, est vice-Premier ministre de Saddam Hussein et également ancien ministre des Affaires étrangères.

Ces deux entretiens sont diffusés à la télévision. Le journaliste leur demande de réagir à cette affirmation : « Reconnaissez que les Européens ont aidé Saddam Hussein. »

Le propos du Français, en parfait diplomate, fut le suivant :

– « *Avant de vous répondre, j'aimerais revenir un instant sur la situation géopolitique de l'époque. L'Irak était un élément clé de la stabilité de la région et il nous semblait nécessaire de lui apporter notre soutien dans le conflit qui l'opposait à l'Iran.* » (Petite précaution oratoire pour gagner du temps et reprendre la question à sa façon : vocabulaire choisi et mesuré, valorisation du rôle de la France…)

Celui de Tarek Aziz, manifestement pas gêné par l'affirmation, fut celui-ci :

– « *Les Européens ne nous ont pas aidés, nous avons acheté.* » (Propos court et audacieux, il dit la vérité.)

En une phrase, Tarek Aziz a résumé la situation. Il le fait directement, sans mettre en avant une morale politique, mais n'est désobligeant pour personne, ni pour les Occidentaux ni pour son pays. Il s'agissait là d'intérêt mutuel. Un point c'est tout.

### Exit la langue de bois !

Il s'agit cette fois d'un Conseil européen. Le présentateur français du journal de 20 heures met en garde sur la difficulté de ce sommet. De nombreux problèmes séparent les Européens ; le journaliste conclut en disant que le plus important reste le chômage mais, étant donné les divergences de vues sur la manière de le résorber, les 25 (à l'époque) vont peut-être éviter d'en parler. Il vient à peine de terminer sa phrase lorsqu'on passe quelques images du Conseil. On voit Angela Merkel répondre à un journaliste présent sur les lieux qui affirme :

– « *Ce sommet est un des plus chargés, il y a beaucoup de problèmes sur la table.* »

– « *Oui, mais il faut surtout parler du chômage.* »

Là encore langage direct.

Tous les styles qui favorisent le dialogue et améliorent les choses sont bons.

# Les précautions oratoires

## *Faire preuve d'autorité évite des désagréments ultérieurs*

Avec une autorité naturelle ou due à votre fonction, il est plus facile de refuser de répondre à la question. On évite ainsi tout dérapage ou tout engagement que l'on pourrait regretter :

- « Je ne commente pas les décisions du président de la Banque centrale. »
- « Je laisse au président de la République/à mon supérieur le soin de révéler... »
- « J'ai toujours laissé mon mari s'exprimer sur ses affaires. »
- « Je n'ai pas pour habitude de m'immiscer dans les affaires d'autrui. »
- « C'est une question qu'il faut poser aux intéressés eux-mêmes/hommes politiques concernés. »
- « Tu dois poser la question directement à... » (informel)
- « C'est un sujet trop personnel. Ce n'est pas à moi de vous répondre. »

Ce refus de répondre demande parfois une grande force de caractère, une assurance qui découragera la personne de poursuivre ses questions.

## *User de phrases préliminaires*

Dans certaines circonstances malheureusement, il faut répondre. Si on ne choisit pas le style direct, l'utilisation de phrases préliminaires laisse quelques secondes pour élaborer la réponse à une question délicate.

### Reconnaître la difficulté de la question
- « C'est une question difficile/délicate/complexe. »

- « *J'ai beaucoup de difficultés à vous répondre.* »
- « *C'est un sujet dont on parle beaucoup aujourd'hui.* »
- « *C'est une question qui est au cœur de l'actualité.* »
- « *Vous venez de soulever un point sensible/d'aborder un sujet délicat.* »

**Avouer qu'on a besoin d'un peu ou de beaucoup de temps**
- « *Permettez-moi de réfléchir un instant, je voudrais apporter la réponse la plus exacte possible.* »
- « *Attends une minute, j'ai besoin de réfléchir.* » (informel)
- « *Je crois que j'ai bien compris votre question. Il faut que je réfléchisse un instant. Je ne voudrais pas
  - donner une réponse incorrecte/erronée.* »
  - *répondre à la légère.* »
- « *Il est prématuré de donner une réponse à ce stade.* »
- « *Je ne crois pas que le moment soit venu d'aborder ce sujet. Nous savons l'un et l'autre que c'est un sujet sensible/qu'il s'agit là d'un sujet épineux.* » (Vous impliquez votre homologue dans la détérioration éventuelle des rapports.)

## *Remettre sa réponse à plus tard*

**Par manque d'informations**
- « *Je n'ai pas tous les éléments pour donner une réponse précise.* »
- « *Ma réponse serait incomplète, je préfère attendre d'avoir les derniers chiffres de…* »
- « *Je dois recevoir le rapport de M. X la semaine prochaine, je pourrai te répondre (informel)/je serai alors en mesure de vous répondre.* »
- « *Je n'ai pas en ma possession les éléments qui me permettraient d'avoir une vision claire de la situation.* »
- « *Je ne dispose pas des éléments nécessaires pour vous répondre avec exactitude.* »

**Par besoin d'en référer à un supérieur**

– « *Avant de prendre position sur ce sujet, je dois d'abord m'entretenir avec M. X.* »

– « *Je ne pourrai vous répondre qu'à titre privé, c'est pourquoi je préfère m'abstenir.* »

– « *J'aimerais en référer à mes supérieurs avant de me prononcer sur ce sujet.* »

## *Élargir la question*

**Pour se sentir plus à l'aise**

On peut aussi reprendre la question dans un contexte plus global où on se sent plus à l'aise :

– « *Avant de vous répondre, j'aimerais revenir sur*
  - *les dernières déclarations de M. X.* »
  - *les résultats du congrès qui s'est tenu dernièrement à...* »
  - *la décision prise par le Conseil de sécurité.* »
  - *les raisons qui nous ont poussé à accepter cette offre.* »

En termes fort peu diplomatiques, cela s'appelle « noyer le poisson ». Cet élargissement peut être néanmoins tout à fait justifié et calmer les tensions, puisqu'il resitue le sujet dans un contexte plus favorable à la thèse que vous défendez.

**Pour aider à la compréhension**

Les explications données ne peuvent pas toujours convaincre, mais elles aident à comprendre :

– « *Cette décision s'inscrit dans un cadre beaucoup plus vaste. Nous sommes conscients des changements que cela implique.* »

– « *Dans cette nouvelle optique, nous tiendrons compte des rapports privilégiés que nous avons toujours eus.* »

## *Marquer son étonnement*

### À propos de la question

Il arrive que l'on se montre surpris par la question. En diplomatie, le terme « surpris » est plus souvent synonyme de « mécontent », voire « très mécontent », plutôt qu'« étonné ».

— *« Je suis surpris que vous abordiez ce sujet. Je croyais que nous nous étions mis d'accord. »*
— *« Il me semblait que nous avions trouvé un terrain d'entente. »*
— *« Nous avions, me semble-t-il, adopté une position commune. »*

### Pour la personne en raison de l'estime qu'on lui porte

— *« Je m'étonne qu'une personne telle que vous prête attention à ces commentaires/propos (mensongers). »*
— *« Je regrette qu'une personne de votre qualité me pose cette question. »*

### À propos de sa propre position

— *« Pensez-vous que quelqu'un dans ma position puisse désavouer/critiquer/ignorer ? »*

## *Invoquer l'amitié réciproque*

— *« Je pensais qu'il y avait entre nous des rapports de confiance. »*
— *« Je croyais que nous avions tissé des liens d'amitié. »*

## *Manier l'humour*

Si on est sûr que ce sera bien compris d'abord, bien accepté ensuite, on peut utiliser l'humour :

— *« Je n'aborde jamais un sujet qui fâche un verre de champagne à la main/à une heure aussi tardive/avancée/matinale. »*

### Note d'humour

Une petite polémique a éclaté récemment dans un pays de l'Union européenne lorsqu'on a demandé à une personnalité politique, promise à un avenir brillant, de chanter l'hymne national de son pays. Il a chanté l'hymne d'un pays voisin. Au-delà des raisons qui l'ont poussé à faire ça – humour, provocation, nul ne saura jamais –, j'aimerais, à titre d'exemple, imaginer les différentes réactions possibles dans le cas où un homme politique ne connaîtrait pas l'hymne de son pays.

En utilisant l'humour, il aurait pu dire :

– « *Je chante très mal, je ne veux pas imposer ce supplice à vos oreilles.* »

Ou bien se montrer choqué par la question :

– « *Monsieur, je suis choqué par votre question. Au poste que j'occupe, il est impensable de ne pas connaître l'hymne de son pays.* »

Dans certains cas, la franchise est une issue possible :

– « *Messieurs ne me demandez pas de répondre à une question qui me met dans l'obligation de porter un jugement critique sur mon pays/un pays ami/un partenaire de longue date/un accord auquel j'ai participé/etc.* »

– « *Il est certaines vérités que je ne peux admettre. Ne m'en demandez pas plus.* »

## Ne pas sous-estimer l'émotionnel

Les tabous avaient été évoqués au début de ce livre. Ils font partie des sujets qu'il vaut mieux éviter d'aborder. Des propos peuvent être repris, déformés, interprétés. On ne peut pas non plus rire de tout. L'humour est à bannir dans certains domaines sensibles ; ce qui fera rire les uns, pourra se révéler inacceptable pour d'autres.

### *Vie privée et vie professionnelle se rejoignent*

Dans la vie privée, les sujets qui risquent de provoquer des malentendus ou des crises sont multiples. Ils sont d'autant plus fréquents que la promiscuité entraîne toujours des luttes de pouvoir. Comme un État qui aurait des visées sur un État voisin, chacun cherche à étendre sa zone d'influence au détriment de la liberté des autres. Depuis la Révolution française, l'individu aspire à plus d'égalité, de considération. Saint-Just disait : « Le bonheur est une idée neuve en Europe. »

## *Ayez du tact*

L'avantage dans la vie personnelle, c'est que vous connaissez bien vos proches, il vous est en théorie plus facile de savoir ce qui va leur plaire ou leur déplaire. Montrez-le dans ces circonstances délicates :

- *« Je sais que tu aimes la franchise/sincérité mais pour l'instant, je ne peux pas encore te répondre/donner des explications. »*
- *« Si je me montre si réservé(e), c'est que j'ai de bonnes raisons, mais ça n'a rien à voir avec notre amitié/l'affection que je te porte. Rien n'est changé entre nous, je peux te l'assurer. »*
- *« Mes explications ne vont pas te convaincre mais tu dois me croire. »*
- *« J'ai été obligé de prendre cette décision. C'était très difficile. »*
- *« Je suis mal à l'aise pour te répondre. Il n'est pas dans mes habitudes de… »*
- *« Tout est en bonne voie, je t'assure, mais je ne peux pas encore accepter/donner ma réponse. »*

La façon d'agir est la même quel que soit le type de relations, mais les relations personnelles sont plus proches de l'émotionnel que de l'argumentaire.

Chapitre 16

# Exprimer un sentiment

Un diplomate a beau être un homme ou une femme sous contrôle, il n'en éprouve pas moins des sentiments. Il ne pourra pas toujours en faire part, mais dans certaines sphères les sentiments ont leur place. Le monde moderne a dépoussiéré « les lambris de la République » (en un mot « les choses ont changé »). Les hommes politiques ont des visages humains et ne ressemblent plus à des sphinx impénétrables. On peut lire sur leur visage la palette des sentiments. Ces manifestations extérieures réjouissent ou inquiètent. En effet, sous l'effet de la colère ou de la déception, garde-t-on une vision claire de la situation ? Certains le peuvent. En tout cas, la sagesse veut qu'on attende d'avoir retrouvé son calme avant de prendre une initiative quelconque. Comme chacun sait, la colère est mauvaise conseillère.

## Exprimer son mécontentement

Il arrive fréquemment que les choses ne se passent pas comme nous le voudrions. Les occasions d'être mécontent ne manquent pas mais nous ne pouvons pas toujours laisser libre cours à notre colère. La plupart du temps, il est conseillé de trouver un substitut qui permette d'évacuer la colère. En général, cela se fait par le biais d'un sport, d'un exercice physique qui libère l'adrénaline. Une harmonie entre le corps et l'esprit a toujours été souhaitable : « Mens sana in corpore sano »[1].

Si les circonstances demandent une réaction de votre part parce que vous avez été victime d'une injustice, d'une attaque, vous devez réagir en proportion avec l'affront. L'occasion sera choisie, cadre privé ou public en fonction de l'importance de l'affaire.

— *« Ces propos sont inacceptables. »*
— *« Les mots qui ont été prononcés risquent de porter atteinte à la qualité de nos relations. »*
— *« Nous avions jusqu'à maintenant des relations cordiales, mais les récentes déclarations de M. X compromettent dangereusement ce climat de confiance. »*
— *« Ces paroles risquent de remettre en cause nos derniers accords. »*
— *« Le mépris/la méconnaissance des dossiers/la légèreté dont vos services ont fait preuve montre à quel point nos craintes étaient justifiées. »*
— *« Ces paroles révèlent le peu de cas que M. X fait de la parole donnée/des engagements pris/des relations d'amitié qui unissaient nos deux pays. »*
— *« Ces propos témoignent d'un manque de connaissances de la situation. »*

---

1. Esprit sain dans un corps sain.

## Exprimer sa surprise

### *Bien réagir face à l'inattendu*

La surprise est parfois difficile à maîtriser. En matière relationnelle, il ne faut pas que cette surprise soit mal interprétée. Elle peut être réelle devant quelque chose d'inattendu :

— « *Quelle surprise ! Comme je suis heureux de te voir !* »

— « *Je suis heureuse et étonnée de te voir à ce congrès, je croyais que tu travaillais sur les plans stratégiques.* »

— « *Pardonnez cette réaction de surprise, mais je ne savais pas que vous étiez en Europe/je ne vous savais pas en Europe. (plus formel)* »

— « *Cette nouvelle m'a causé une grande surprise.* »

— « *Non, je n'étais pas au courant, c'est pour moi une surprise totale !* »

— « *Je peux vous assurer que tout ceci s'est fait à mon insu. Je n'ai jamais donné d'ordres dans ce sens.* »

— « *Je dois reconnaître que c'est une éventualité que je n'avais pas imaginée. Je suis pris au dépourvu.* »

> **Surpris !**
>
> Un jour, le cycliste français, Raymond Poulidor, l'éternel deuxième derrière Eddy Merckx, arrive premier d'une course. Au journaliste qui lui demande ce qu'il pense de cette victoire, il a cette réponse restée dans la légende : « Que voulez-vous, je suis comme tout le monde, je suis surpris ! »

### *Tout est dans le ton !*

Dans certains cas, la surprise traduit la première phase du mécontentement :

— « *Je suis surpris de vous trouver ici.* »

L'intonation permet d'indiquer ce que cette surprise sous-entend. L'intéressé comprendra, il est inutile d'ajouter les raisons : « Il me semble que vous ne faites plus partie du personnel », « Votre présence n'est pas souhaitée », « Nous avions décidé de ne plus nous revoir », etc.

### *La surprise est une boîte de Pandore*

Derrière la surprise peut pointer d'autres sentiments :

**La satisfaction**

– « *J'ai été agréablement surpris de voir que…* »

**La déception**

– « *J'ai été désagréablement surpris de constater qu'il n'avait pas respecté ses engagements…* »

**Le mépris**

– « *Nous sommes surpris qu'une personne sans qualifications particulières obtienne ce poste ; sans doute a-t-il des talents que nous ignorons…* »

## Exprimer sa crainte

### *Ne pas craindre d'évoquer… ses craintes*

Faire part de ses craintes n'est pas un aveu de faiblesse mais de clairvoyance. Entre un pessimisme paralysant et un optimisme démesuré, il y a de la place pour une attitude plus réfléchie, où les craintes doivent être évoquées avant qu'il ne soit trop tard.

– « *J'aimerais vous faire part de mes craintes. En signant cette alliance, nous nous plaçons dans une situation de dépendance qui peut être dangereuse.* »

– « *Permettez-moi d'exprimer mon inquiétude. En cautionnant cet accord, nous rompons avec une longue tradition de neutralité.* »

- « *Qu'il me soit permis d'exprimer mes craintes.* » (formel)
- « *Je suis très réticent. J'ai peur que cette mesure ne nuise / ne soit préjudiciable à nos intérêts.* »
- « *Je redoute des mouvements de protestation / des troubles / une tension accrue / une augmentation du chômage / etc.* »
- « *Les choses vont changer, j'en ai peur[1] / je le crains[2]* »
- « *Le vent peut tourner, cela m'inquiète…* »
- « *Nous sommes inquiets de la tournure que prennent les choses.* »

## *Jouer les Cassandre*

- « *Je ne voudrais pas jouer les Cassandre, mais ce changement d'attitude ne me dit rien de bon* (informel) / *est de mauvais augure* (formel) »

# Exprimer sa joie

Les moments de joie ne sont pas les plus nombreux dans le monde, qu'il soit diplomatique, politique ou personnel. Trop de catastrophes viennent perturber les aspirations au bonheur de beaucoup d'hommes et de femmes. Néanmoins, il est bon de connaître quelques phrases pour faire partager sa joie.

## *Expressions courtes et spontanées*

- « *Que je suis heureux (se) !* »
- « *Quelle joie de vous savoir de retour !* »
- « *Quelle joie d'être à nouveau parmi vous !* »

---

1. En mettant l'expression de crainte après, vous éliminez le subjonctif.
2. Idem.

### *Expressions plus formelles et explicites*

— « C'est avec un immense soulagement et une joie profonde que j'ai appris le retour des trois otages retenus en… »
— « Je tiens à exprimer ma joie devant le succès que ces échanges culturels ont suscité. En effet… »
— « Comment ne pas se réjouir de l'enthousiasme que notre projet a provoqué chez les jeunes ? »
— « C'est avec une grande joie que j'ai accueilli cette nouvelle ! »
— « J'ai du mal à trouver les mots pour exprimer une joie si profonde. Cette récompense va au-delà de mes espérances les plus folles ! »

## Exprimer son amitié

### *Adapter le témoignage d'amitié à la situation*

Quand on parle de sentiment, on ne peut oublier l'amitié. L'expression des sentiments intimes varie considérablement d'un pays à l'autre et, si certains refusent d'aborder ce sujet, d'autres n'hésitent pas à faire connaître leur sentiment. Un témoignage d'amitié ou un gage d'amour ne peut nuire à la relation, à condition, bien sûr, que la situation soit en harmonie avec cette expression des sentiments.

La phrase la plus célèbre en matière d'amitié revient à Montaigne à propos de son amitié pour La Boétie. Quand on lui demandait quelle était la raison de leur amitié, il répondait invariablement : « Parce que c'était lui, parce que c'était moi. »

### *Le témoignage d'amitié est d'un grand réconfort*

Des assurances dans des moments difficiles apportent un grand réconfort :

— « *Tu es mon ami, tu le sais.* » (informel)

- *« Tu peux compter sur moi. Si tu as un problème, n'hésite pas à me contacter. »* (informel)
- *« Vous êtes un ami très cher. Je sais que vous traversez un moment difficile. J'espère que vous n'hésiterez pas à faire appel à moi si je peux vous être utile. »*
- *« J'ai pour vous une grande amitié/une profonde affection. Je serai à vos côtés si vous avez besoin d'aide. »*
- *« Les vrais amis se comptent dans les moments difficiles. »*
- *« Mon amitié vous est acquise* (formel). *Ma maison vous est ouverte. Que vous dire de plus pour vous assurer de mon soutien ? »*
- *« Nous sommes unis par des liens très forts. »*
- *« Toutes ces années ont renforcé nos liens. »*
- *« Les dernières épreuves que nous venons de traverser ont créé entre nous une indéfectible amitié. »*
- *« J'ai pour toi un attachement profond. »*

Chapitre 17

# Discours types

Prononcer un discours est un exercice fréquent chez un diplomate. Il ne l'écrit pas toujours. Dans ce cas-là, sa tâche est simplement de bien le prononcer après avoir vérifié que ce discours correspondait à ce qu'il voulait dire. Parler en public demande de l'assurance, une certaine conviction et une diction parfaite. Avec de la pratique, on peut arriver à des résultats tout à fait satisfaisants dans ces trois domaines.

La rédaction d'un discours, elle aussi, est facilitée par l'expérience. « Rem tene, verba sequentur »[1]. Un domaine connu ne représentera aucune difficulté sur le fond. La forme, quant à elle, repose sur des consignes simples : plan structuré, style clair, vocabulaire adapté.

---

1. « Si on maîtrise son sujet, les paroles viennent facilement », Caton l'Ancien.

## Pourquoi, pour qui le discours ?

D'abord, la question à se poser est évidemment la finalité de cette allocution : Est-ce pour informer ? Pour célébrer ? Pour présenter ? Pour s'excuser ? Pour remercier ? Etc.

Ensuite, à qui s'adresse-t-elle ? À partir de là, compte tenu de tout ce qui a déjà été écrit, il est facile de se mettre à l'ouvrage.

Lorsqu'il s'agit d'une initiative personnelle devant des collaborateurs, le style peut être plus direct :

— *« Mesdames et messieurs, je vous ai réunis ce soir afin de vous faire part des conclusions de la cellule de prospective... »*
— *« Mesdames et messieurs, la fin de l'année approche, c'est l'occasion pour moi de vous présenter mes meilleurs vœux. C'est aussi l'occasion de se pencher sur les moments forts de l'année qui vient s'écouler... »*

## Quelle tonalité ?

Le but de votre intervention donnera le ton :

— *« Je vous ai réunis malheureusement pour examiner les conditions de notre départ.../faire le bilan de cette année, et en tirer les conclusions qui s'imposent.../examiner les différentes façons de combler le déficit de... »*
— *« Si j'ai pris l'initiative de rassembler tout le personnel aujourd'hui, c'est parce que l'heure est grave. Ce que nous redoutions tous depuis quelques mois est arrivé. Nous ne pouvons éviter une crise avec... »*

## Comment traiter les thèmes abordés ?

### *Les remerciements s'imposent*

Si vous êtes invité, des remerciements s'imposent au début, même s'ils donnent au discours un côté répétitif et banal :

— *« Je vous remercie de m'avoir invité. »*
— *« C'est un plaisir et un honneur d'être parmi vous ce soir. »*

– « *Je suis heureux (se) et fier(e) de me trouver parmi vous aujourd'hui.* »
– « *C'est un très grand honneur pour moi de m'exprimer devant vous.* »
– « *Je vous remercie de l'honneur que vous me faites en m'invitant à votre déjeuner. Je suis très heureux de me voir reconnu parmi les défenseurs de la paix.* »

## *Valorisez ou justifiez votre sujet*

– « *Les changements climatiques ont entraîné des perturbations qui ont déjà fait de nombreuses victimes. Inondations, typhons, sécheresse se sont multipliés ces dernières années. Les initiatives individuelles sont louables, mais elles risquent de se révéler dérisoires si elles ne sont pas intégrées dans une politique globale. Seule une action concertée permettra d'avoir un impact sur ces phénomènes. C'est au niveau international qu'il faut agir. Nous sommes tous concernés. Le dernier rapport de l'Institut national de… est alarmant.* »

Les expressions telles que :

- Tout le monde sait que/reconnaît que…
- Tout le monde s'accorde à dire que…
- C'est une idée unanimement répandue que…
- C'est une vérité universellement reconnue[1] que…
- Il est incontestable que…

donnent plus de poids à ce que vous allez dire.

## *Reliez le passé au présent et à l'avenir*

Il s'agit, à l'occasion d'une visite officielle, de rappeler les liens qui unissent deux pays :

– « *Les liens qui unissent La France et la Finlande remontent au XII$^e$ siècle, à l'époque où, par la Sorbonne, la culture française rayonnait*

---

1. Pour paraphraser Jane Austen.

> *jusqu'en Finlande. Les Finlandais aiment à rappeler que deux de leurs compatriotes ont été recteurs de la Sorbonne aux XIV$^e$ et XV$^e$ siècles.* »
> (Extrait d'un discours de M. Liikanen, commissaire européen)

Les liens entre les pays n'ont pas toujours été bons. L'histoire a ses pages de ténèbres. Sans évoquer directement ces périodes de troubles, souvent encore présents dans les esprits, il vaut envisager l'avenir avec sérénité. « Il n'y a pas d'avenir sans mémoire » précisait Jacques Delors :

— « *Malgré quelques périodes d'éloignement, les contacts n'ont jamais été rompus et c'est avec une profonde émotion que je m'adresse à vous aujourd'hui...* »

## *Évoquez le cadre dans lequel le discours est prononcé*

### Une courte présentation

— « *Je suis heureux de vous accueillir dans ce lieu symbolique où ont été signés les accords de.../ se sont succédé plusieurs présidents/qui est un des plus beaux exemples de l'art baroque.* »

### Plus simplement

— « *Ce cadre se prête merveilleusement à l'objet de cette réunion.* »
— « *Vous trouverez ici le calme nécessaire propice à la réflexion.* »

## Élaborer un plan structuré

### *Resituez le sujet dans son contexte*

— « *Le problème se résume à...* »
— « *Rappelons les faits...* »
— « *Le problème doit être examiné dans son entièreté...* »
— « *Prenons comme point de départ...* »

## *Développez ensuite vos arguments*
- « *On doit tenir compte de/prendre en considération...* »
- « *La première constatation qui s'impose est...* »
- « *De nombreux articles/les récentes études ont montré que...* »

## *Expliquez le déroulement de votre discours*
- « *Je me concentrerai sur...* »
- « *J'aborderai d'abord...* »
- « *J'évoquerai rapidement...* »
- « *Je ne m'attarderai pas sur...* »
- « *Je rappellerai à titre d'exemple le combat mené par...* »
- « *Il est inutile de revenir sur/de s'attarder sur les détails.* »

## *Procédez par étapes*
- « *Abordons maintenant le problème de...* »
- « *Il est temps de se pencher sur...* »
- « *Après ce bref rappel des faits, j'évoquerai maintenant...* »
- « *Considérons maintenant l'aspect culturel...* »
- « *Voyons ensuite...* »
- « *Examinons enfin...* »

## *Concluez*

### Préparez vos conclusions
- « *Il découle de ce que je viens de dire que...* »
- « *Il est clair qu'à la lumière de ces informations, la seule voie possible est celle du compromis.* »
- « *Compte tenu des éléments évoqués, on ne peut s'étonner de...* »
- « *Dans ces conditions le contexte que je viens d'évoquer, notre position est claire.* »

— *« Je vois dans ce bilan toutes les raisons de croire en notre avenir avec confiance. »*

**Pour conclure**

— *« En conclusion… »*

— *« Je résumerai ainsi la situation… »*

— *« Mes derniers mots seront… »*

— *« La conclusion qu'il faut tirer est que… »*

— *« La seule conclusion possible… »*

— *« La conclusion qui s'impose est… »*

Utilisez des formules fortes que vous emprunterez à d'autres (cf. chapitre 18) : « L'important, c'est d'être vrai. » (Albert Camus)

### Exemple de discours

Monsieur le ministre, Mesdames et Messieurs,

Je suis heureux (se) d'intervenir aujourd'hui dans ce cadre symbolique. Il rappelle les liens qui unissent nos deux pays. Malgré quelques périodes d'éloignement, les contacts n'ont jamais été rompus et c'est avec une profonde émotion que je m'adresse à vous aujourd'hui… Les points forts de notre coopération se traduisent par des chiffres éloquents. Le montant de nos échanges a doublé ces dix dernières années et je suis fier(e) de pouvoir annoncer la création d'un nouveau barrage/d'un programme de recherche/d'une usine de… L'amitié entre nos deux peuples s'est également manifestée par des échanges universitaires et culturels qui ont permis à notre jeunesse d'approfondir ses connaissances. Acteurs de demain, porteurs d'espoir, ces jeunes hommes et jeunes femmes seront riches de leurs différences et conscients de leurs similitudes. C'est à eux que je pense en terminant cette brève allocution. Qu'ils maintiennent et défendent les engagements de leurs parents sur le chemin de la paix et de la solidarité.

# Le vocabulaire clé du discours

Le vocabulaire clé pour le développement d'une idée ou d'un projet est toujours le même.

### Pour mettre en valeur

- Un projet/un programme *vise à, a pour but de, est destiné à, permet de, contribue à, favorise, valorise, a l'avantage de, a le mérite de, encourage, garantit, stimule, promeut.*

- Ces chiffres *(dé)montrent, illustrent, témoignent de, mettent en valeur, mettent en avant, mettent en exergue, mettent en lumière, éclairent, vérifient, attestent, corroborent, traduisent.*

### Pour critiquer

- Une mesure *risque de…*

- Un projet *menace…*

- Une décision *compromet, met en péril, fragilise, affaiblit, déstabilise, diminue, amoindrit, ruine, mine, paralyse, détruit, anéantit, condamne, réduit à néant.*

### Pour qualifier

- La situation est *calme, stable, claire, clarifiée, limpide, complexe, confuse, incertaine, délicate, préoccupante, instable, précaire, hasardeuse, aléatoire, inquiétante, risquée, tendue, sérieuse, grave, dangereuse, alarmante, critique, désespérée.*

- Les propos sont *clairs, sincères, directs, mesurés, pesés, pondérés, prudents, réfléchis, modérés, légitimes, (non) maîtrisés, controversés, inappropriés, (in)opportuns, inadaptés, irresponsables, critiquables, inconsidérés.*

## *Les expressions indispensables*

Une fois mémorisées, vous pourrez les utiliser sans effort. Elles donneront à votre langage une grande fluidité et renforceront votre confiance en vous.

– « *Les liens qui nous unissent.* »
– « *Les points qui nous divisent.* »
– « *Les valeurs que nous partageons.* »
– « *Le désir qui nous pousse.* »
– « *La volonté qui nous anime.* »
– « *La confiance que nous donnons.* »
– « *L'ambition qui nous stimule.* »
– « *La paix à laquelle nous aspirons.* »
– « *La crainte qui nous retient.* »
– « *Rien n'est jamais acquis.* »

## *Les images à employer*

Les principales images employées dans le vocabulaire diplomatique évoquent le plus souvent :

**La mer**

La mer symbolise l'aventure humaine.

« La mer est calme » = Pas de problème à l'horizon (ou au contraire « agitée » = des problèmes)

« On note une accalmie » = le calme est passager.

La tempête est une image récurrente. L'État est un « navire » qui peut sombrer ou, dans le cas contraire, on dira que « le navire tient bon ».

« Nous naviguons à vue » = Nous n'avons pas de vision à long terme.

Un chef d'État, de parti, devient « le capitaine qui est aux commandes et qui n'abandonne pas le navire ». « La vie n'est pas un long fleuve tranquille » : très utilisé en raison du succès du film du même nom.

Un « projet phare ». « L'un des phares du cinéma européen s'est éteint ».

**L'air**

« Nous traversons des zones de turbulences » = Période de trouble passager.

« Le ciel s'assombrit » = Les perspectives ne sont pas bonnes.

« Nous voudrions voir le ciel plus bleu » = Il y a encore beaucoup d'obstacles.

« Le ciel est couvert mais il n'y a pas d'avis de tempête » = La situation est sérieuse mais rien d'irrémédiable.

« Ciel couvert, mer agitée » = Les choses vont mal.

**La maison**

Un grand projet est comparé à une maison.

« On pose la première pierre. »

On commence par « les fondations ». « Il faut des fondations solides. »

« Le socle » de la relance.

« Les piliers assurent la solidité d'un édifice ».

### Exemples

– « *Les trois piliers sont les éléments qui constituent depuis le traité de Maastricht en 1992 l'architecture institutionnelle de l'Union européenne.* »

– « *Les charges communautaires sont la pierre d'achoppement de la réforme des Institutions.* »

### La famille

Le père symbolise la force, la sécurité, la protection : les pères fondateurs de l'Europe.

La mère symbolise l'amour, la vie, le dévouement : « La terre qui nous a tant donné et que nous maltraitons. »

« Protégeons la terre de nos ancêtres. »

« Notre famille unie », « Notre famille en crise ». « Nous sommes une grande famille ». « Les États sont différents à l'image des membres d'une famille ». « Dans une famille, on peut avoir des désaccords ».

Amour, respect, solidarité.

Idée de fratrie-fraternité : « un pays frère »

### Le corps

La santé. « La santé de notre économie est excellente. »

« Il faut savoir couper le membre gangrené » = Il faut savoir se séparer de ce qui n'est nuisible même si c'est douloureux.

Il faut soigner un corps malade : « Les plaies du monde moderne. »

Les arbres, la nature représentent « les poumons de la terre qu'il faut préserver. »

### La nature

« Nos efforts ont porté des fruits. » « Un entretien fructueux. »

Le chêne et le roseau sont souvent repris pour symboliser la force pour le premier et la résistance pour le second. « Nous sommes petits mais tels les roseaux nous ne plierons pas. »

Les fleurs ont besoin de soin comme les relations. L'amitié est une rose mais comme elle, elle possède des épines.

Une économie florissante.

La terre : « la terre de nos ancêtres ».

Le terreau nécessaire à la croissance.

Les chemins de la paix.

Il existe ensuite toutes les comparaisons possibles au gré de votre inspiration à partir du moment où elles sont compréhensibles pour ceux qui vous écoutent, et où elles ne provoqueront pas une confusion dangereuse.

Chapitre 18

# Proverbes et citations

Le recours aux citations et aux proverbes est fréquent dans le langage diplomatique pour deux raisons. D'abord il fait de vous un érudit, citer un auteur latin, un poète connu ou un philosophe célèbre témoigne de vos connaissances et de votre culture ; ensuite, il permet de faire dire à d'autres ce que vous pensez sans vous engager personnellement. Bien souvent, ces deux objectifs ne sont pas atteints soit parce que la citation n'est pas suffisamment explicite, soit parce qu'elle risque néanmoins d'être mal interprétée. Il faut donc rechercher des exemples clairs qui seront compris sans ambiguïté. Il faut également que la référence soit connue de ceux qui vous écoutent. Par exemple, quand Monsieur Barroso, président de la Commission de l'Union européenne dit : « Nous avons franchi le Rubicon », il fait référence à Jules César lorsqu'il a pris le pouvoir indiquant par là que sa décision était prise, et qu'il ne pouvait pas reculer. Cette citation fait partie de la culture européenne et elle est très claire dans le contexte où il l'a employée, mais pour un Chinois, elle ne signifierait rien. Il faut donc s'assurer que les interlocuteurs ont bien les mêmes « codes ».

## L'universalité des proverbes

Les proverbes et les maximes reposent souvent sur la sagesse populaire et existent dans presque toutes les langues. Encore faut-il les énoncer correctement et à bon escient. Ils sont plus utilisés dans les rapports bilatéraux quand on veut résumer son opinion.

Pour admettre ses limites ou faire comprendre qu'une entreprise est vouée à l'échec : « *À l'impossible, nul n'est tenu.* »

Pour faire le moins mauvais choix (souvent humoristique en raison de son évidence) : « *De deux maux, il faut choisir le moindre.* »

Les plus réalistes font appel à la nature humaine telle qu'elle est dans son côté noir, faite d'intérêt, d'envie et de rivalité : « *La fin justifie les moyens* », « *Quand on veut noyer son chien, on dit qu'il a la rage* », « *Les loups ne se mangent pas entre eux* », « *L'habit ne fait pas le moine* », « *Loin des yeux, loin du cœur* ». Le but de ces proverbes est de servir votre cause.

Si vous ne voulez pas vous engager en profondeur : « *Le diable est dans les détails.* »

Un peu d'indulgence permet de céder à la tentation : « *Une fois n'est pas coutume* » ou de remettre à plus tard ce qu'on ne veut pas faire le jour même : « *À chaque jour suffit sa peine.* »

La majorité des proverbes font l'éloge de la prudence : « *Prudence est mère de sûreté* », « *Dans le doute, abstiens-toi* », « *Qui sème le vent récolte la tempête* », « *Deux avis valent mieux qu'un.* »

L'expérience aide à prendre les bonnes décisions : « *Il ne faut pas mettre la charrue avant les bœufs.* »

Un homme politique doit être sûr de lui malgré les critiques : « *Les chiens aboient, la caravane passe.* »

Léger et drôle, ce proverbe permet de faire passer ses propres désirs pour ceux de sa femme : « *Ce que femme veut, Dieu le veut.* » (Faux)

Pour exhorter à faire quelque chose à un moment précis : « *Il faut battre le fer quand il est chaud.* »

Et enfin pour convaincre : « *Vouloir, c'est pouvoir.* »

Il faut ajouter les proverbes étrangers découverts au gré des voyages.

Malgré tous ses efforts, l'homme ne change pas : « *Celui qui est né rond ne mourra pas carré.* » (Proverbe maltais)

## Les citations illustrent le propos

Les auteurs latins ont tendance à disparaître des répertoires, comme les grecs[1] avant eux. Les plus érudits citent en latin : « *Verba volant, scripta manent.* » Les autres se contentent de la traduction : « *Les paroles s'envolent, les écrits restent* ».

Les poètes qui ont chanté la beauté seront cités pour l'inauguration d'un bâtiment, d'un musée, d'un monument, pour une remise des prix, une récompense : « *Elle a duré ce que durent les roses, l'espace d'un matin.* » (Ronsard)

Le fabuliste, qui s'est intéressé à la nature humaine, est toujours actuel : « *L'absence est le plus grand des maux.* » « *Il est bon de parler, il est meilleur de se taire.* » (La Fontaine)

---

1. Dans les citations. Mais en tant qu'auteurs, ils restent une référence.

Pascal, Montaigne, Montesquieu qui traite de l'éthique ne sont pas en reste :

*« La coutume est une seconde nature. »* (Pascal)

*« L'amitié se nourrit de communication. » « L'une des plus grandes sagesses de l'art militaire, c'est de ne pas pousser son ennemi au désespoir. »* (Montaigne)

*« J'ai toujours eu pour principe de ne faire jamais par autrui ce que je pouvais faire par moi-même. »* (Montesquieu)

Confucius[1], Khalil Gibran, Shakespeare sont des auteurs qui appartiennent au patrimoine culturel de l'humanité :

*« Une image vaut mieux que mille mots. » « La voie du juste milieu est rarement suivie. » « Le silence est un ami qui ne trahit jamais. » « L'expérience est une lanterne accrochée dans le dos qui n'éclaire que le chemin déjà parcouru. » « Celui qui déplace la montagne, c'est celui qui commence à enlever les petites pierres. »* (Confucius)

*« Le désaccord pourrait être le chemin le plus court entre deux opinions. » « La pierre la plus solide d'un édifice est la plus basse de la fondation. » « Nul ne peut atteindre l'aube sans passer par le chemin de la nuit. »* (Khalil Gibran)

*« Le sang attire le sang. » « Les hommes sont des oiseaux de passage. » « Faire du zèle est dangereux. » « Mieux vaut mourir incompris que passer sa vie à s'expliquer. »* (Shakespeare)

Talleyrand, de par sa longévité politique, reste un modèle (il conserva son poste de ministre des Affaires étrangères pendant la Révolution, la République, l'Empire et la restauration de la Monarchie !) : *« Tout ce qui est excessif est sans portée. » « La traîtrise, une affaire de date ! »*

---

1. D'autant plus utile qu'il est difficile de vérifier.

Chez les Français, Napoléon Ier[1] en chef de guerre est à l'origine de bien des citations, alors qu'au-delà du stratège, c'est en homme d'État qu'il laisse sa marque la plus profonde : « *Je n'ai qu'un besoin celui de réussir.* » « *L'art d'être tantôt très audacieux, tantôt très prudent est l'art de réussir.* » « *Un bon croquis vaut mieux qu'un long discours.* » « *Il n'y a que deux puissances au monde, le sabre et l'esprit : à la longue, le sabre est toujours vaincu par l'esprit.* » « *Le mensonge n'est bon à rien, puisqu'il ne trompe qu'une fois.* » « *On ne fait bien que ce qu'on fait soi-même.* »

Les propos de nombreux chefs militaires sont repris quand on aborde l'autorité ou les conflits. Voici une autre version du principe de Peter : « *Ne cherchez pas à faire d'un bon soldat un mauvais chef.* » « *En politique, il n'y a ni amitié ni haine, il n'y a que le devoir à remplir envers ceux qui vous ont appelé.* » (J.-B. Bernadotte)

La nature humaine reste un mystère pour beaucoup : « *L'homme est un accident de l'univers.* » (A. Malraux)

On trouve ensuite les citations favorites de chacun :

« *Je résiste à tout sauf à la tentation.* » (O. Wilde)

« *Il faut agir en homme de pensée et penser en homme d'action.* » (R. Aron)

« *Notre grande erreur est d'essayer d'obtenir de chacun les vertus qu'il n'a pas.* » (M. Yourcenar)

Et les anonymes entendus au hasard d'un discours, d'une émission de radio ou de télévision. Paroles pleines de beauté ou de sagesse dont on ne rendra jamais hommage à l'auteur : « *Le bonheur est un festin de miettes.* » « *Ne faites pas de l'impatience une vertu républicaine.* »

---

[1]. À utiliser avec prudence en milieu européen où il n'a pas bonne presse.

Les proverbes et les citations peuvent être paraphrasés : « *Ne faites pas de l'épargne une vertu démocratique.* » « *Ne faites pas d'un bon collaborateur un mauvais ministre.* »

Chapitre 19

# Comment le dire autrement

Malgré la difficulté d'aborder certains sujets, la diplomatie permet de dire beaucoup de choses à condition de prendre des précautions. Ce chapitre est un ensemble de remarques sur la vie quotidienne où beaucoup de crises viennent de paroles blessantes qui relèvent de l'absence de réflexion avant de parler plutôt que d'une réelle volonté de nuire.

Ces paroles blessantes peuvent être évitées avec un peu d'attention. Il s'agit, la plupart du temps, de précisions qui n'ont pas besoin d'être exprimées ou de qualificatifs un peu trop directs qui n'apportent rien à la communication. Mais la nature est ce qu'elle est. Dans une réaction de colère, il arrive souvent que les mots utilisés ne soient pas les mieux choisis.

## Éviter les paroles blessantes

### *À propos d'une personne*

Les équivalences proposées dépendent de la personne, des circonstances, de l'environnement, etc.

| Ne dites plus... | Dites plutôt... |
|---|---|
| Elle est têtue | *Elle est très attachée à ses idées* |
| Elle est entêtée | *Elle attache beaucoup d'importance à ses convictions* (formel)<br>*Elle reste toujours fidèle à ses positions* |
| Il est pointilleux | *Il a un grand souci du détail* |
| Elle est imprévisible | *Elle prend beaucoup d'initiatives* |
| Il est incontrôlable | *Il a beaucoup d'autonomie* |
| Il n'est pas fiable | *Il n'a pas défini son projet de carrière*<br>*Il prend parfois une certaine liberté avec ses engagements/dans son travail* |
| Il est très méprisant | *Il est très sélectif dans ses choix/ses fréquentations.*<br>*Peu de gens trouvent grâce à ses yeux* (formel) |
| Il n'est pas très sociable | *Il préfère travailler seul*<br>*Il est plus à l'aise dans un environnement restreint* |
| Elle est instable | *Elle supporte mal la routine.*<br>*Elle a l'enthousiasme de la jeunesse* |
| Il est prétentieux | *Il est conscient de sa valeur* |
| Il n'est pas flexible | *C'est le gardien des traditions* |
| Elle est capricieuse | *Elle a toujours été gâtée par la vie*<br>*Elle a toujours vécu dans un environnement très protégé*<br>*Trop de facilité au départ empêche de s'adapter à la réalité des choses* |

## Comment le dire autrement

Ces phrases ne correspondent pas exactement au sens du mot choisi mais elles donnent une orientation sur ce qu'on veut dire.

| Ne dites plus... | Dites plutôt... |
|---|---|
| Il est paresseux | *Il n'est pas très actif* |
| Elle est snob | *Elle n'aime pas ce qui est banal/commun*<br>*Elle recherche une certaine originalité*<br>*Elle a toujours été habituée à un certain luxe* |
| Il est autoritaire | *C'est un modèle\* de discipline et de rigueur* |
| On ne fait pas ça quand on est bien élevé | *Ce geste n'est pas très délicat* |
| Cet enfant est très mal élevé | *Il a reçu une éducation très libre* |
| Il a agi comme un idiot | *Je ne comprends pas son attitude* |
| Elle ne réfléchit pas | *Elle est un peu impulsive*<br>*Elle est très spontanée* |
| Je le trouve stupide | *Il y a plusieurs formes d'intelligence*<br>*Il y a d'autres formes d'intelligence que celle qui mène à la diplomatie/à la fortune/à la réussite* |
| Je ne le/la trouve pas belle | *Il/elle a un charme particulier*<br>*Il/elle a un physique original/une beauté différente*<br>*La beauté est dans les yeux de celui qui regarde*<br>*Ce n'est pas mon type d'homme/de femme* |
| Il est âgé/vieux | *Il a déjà un certain âge*<br>*Il a beaucoup d'expérience* |
| Il/elle a mauvais caractère | *Il n'est pas toujours facile*<br>*Elle a une forte personnalité* |
| Elle est avare/radine (argot) | *Elle a le sens de l'économie*<br>*Elle ne dépense pas inconsidérément*<br>*Elle ne fait pas de dépenses inutiles* |

\* On peut associer le mot modèle à de nombreux thèmes : un modèle de pragmatisme, de créativité, de combativité, de persévérance, de courage, etc.

Utilisez l'humour pour ne pas porter de jugement critique si vous êtes sûr(e) qu'il sera compris et accepté.

| Ne dites plus... | Dites plutôt... |
|---|---|
| Comment tu le/la trouves ? | *Je ne porte jamais de jugement sur la beauté des hommes/femmes. C'est une donnée trop subjective/ changeante* |
| Monsieur X ne doit pas être facile à vivre ? | *Pas du tout, il suffit de boire quand il a soif, de manger quand il a faim, de dormir quand il a sommeil* |
| Quel bavard ! | *C'est un amoureux des mots, les amoureux sont rarement dangereux* |

On peut souligner les différences avec délicatesse.

| Ne dites plus... | Dites plutôt... |
|---|---|
| Un enfant handicapé | *Un enfant qui demande plus de soins*<br>*Un enfant qui a moins de facilités* |

Ou diminuer les manques en mettant en valeur d'autres aspects.

| Ne dites plus... | Dites plutôt... |
|---|---|
| Il/elle a tel ou tel défaut | *Personne n'est parfait, c'est un excellent collaborateur/une amie fidèle/personne de confiance, pour moi c'est le plus important* (informel)/*l'essentiel*<br>*C'est vrai, il n'est pas toujours ponctuel mais il n'hésite pas à rester plus tard si c'est nécessaire/c'est un collaborateur fiable* |

Parfois il est plus sage de ne pas les avoir remarqués. En effet, si vous partagez cet avis négatif, on pourra l'utiliser contre vous pour montrer que cette mauvaise opinion est partagée. Une petite phrase simple vous protégera... au risque de paraître peu observateur.

| Ne dites plus... | Dites plutôt... |
|---|---|
| M./M^me X n'est jamais/ ne fait jamais... | *Je n'ai pas remarqué* <br> *Cela ne m'a pas frappé* <br> *Je ne fais pas toujours attention à ce genre de choses* |

Certains reprocheront le manque de courage ou de sincérité devant ce type de réaction. Pourtant, ce comportement révèle une tolérance qui n'a rien d'une faiblesse. C'est plutôt une façon d'accepter la vie comme elle est : c'est-à-dire imparfaite. On voit le verre à moitié plein et non pas à moitié vide. En effet, **si on devait mettre en avant les défauts de chacun, il n'y aurait pas deux amis sur terre.**

## *À propos d'une chose, d'un élément*

| Ne dites plus... | Dites plutôt... |
|---|---|
| C'est affreux, c'est moche★ | *Ce n'est pas exactement ce que j'aime* <br> *Ça ne correspond pas tout à fait à mon goût* |
| Pour un hôtel, un café, restaurant | |
| C'est sale, c'est moche | *Ce n'est pas très accueillant* |
| Chez des amis ou au restaurant | |
| C'est mauvais | *C'est surprenant* <br> *Le goût est étrange* <br> *C'est spécial* |
| C'est beaucoup trop cuit | *C'est une question de goût. Pour ma part je préfère peut-être quand c'est un peu moins cuit, mais cette viande est délicieuse* |
| C'est immangeable | *C'est peut-être un peu trop cuit* <br> *Cela peut arriver dans les meilleurs restaurants* <br> En minimisant, vous enlevez ainsi la gêne de ceux qui vous reçoivent ou vous ont invité(e) |

★argot acceptable entre amis

## À propos d'un sujet

L'argent est tabou. Évitez les sommes précises et contournez la difficulté.

| Ne dites plus... | Dites plutôt... |
|---|---|
| Il gagne… | *Il a un salaire conséquent/confortable* <br> *Il est à l'abri du besoin* |
| Il est très riche | *Il dispose d'une fortune considérable* <br> *Il est à la tête d'une grosse fortune* |
| Elle est pauvre | *Elle a des moyens financiers limités* <br> *Sa situation économique est difficile/précaire* |
| C'est trop cher pour ce que c'est | *Je trouve le prix un peu élevé/excessif* |

## À propos d'un fait, d'une circonstance, d'une réalité

Ne blessez pas les gens en leur montrant que certaines choses ne sont pas pour eux.

| Ne dites plus... | Dites plutôt... |
|---|---|
| Cette voiture est trop chère pour toi | *Est-ce que cette voiture est une priorité pour toi ?* |

Ou qu'ils n'ont pas leur place dans certains événements. Mieux vaut alors minimiser l'événement que de parler de la personne elle-même.

| Ne dites plus... | Dites plutôt... |
|---|---|
| Ce n'est pas votre place | *Ces événements sont souvent décevants, cela ne vaut pas toujours la peine de se déplacer* (informel) <br> *On exagère la portée de ces réunions* |

Évitez les dévalorisations.

| Ne dites plus... | Dites plutôt... |
|---|---|
| C'est un quartier pauvre | C'est un quartier modeste/défavorisé |
| Les petits pays | Les pays les moins peuplés |
| Les petites langues | Les langues les moins parlées |

En règle générale, il ne faut pas s'attaquer aux personnes mais aux faits, afin de préserver l'image de votre interlocuteur.

## L'enfer est pavé de bonnes intentions

### Pour un cadeau

Si on vous fait un cadeau, les remerciements s'imposent, suivis éventuellement de commentaires flatteurs. Vous pouvez souligner l'attention, le geste, autant que le cadeau lui-même :

– « Je te remercie. C'est ravissant. »

– « Je suis confus(e). C'est absolument magnifique ! »

– « Tu t'es rappelé que j'aimais les orchidées/l'art déco/Faulkner... c'est vraiment très gentil. »

– « Vous vous êtes rappelé la date de mon anniversaire. Je suis très touché(e). »

Par prudence, commencez à remercier avant d'ouvrir un paquet. Après, il est parfois très difficile de donner à sa voix un accent de sincérité devant certains choix.

La critique peut-être voilée :

– « Oh ! Tu as apporté un "petit" champagne. Comme c'est gentil ! »

Le mot « petit » fait remarquer que le champagne n'est pas de grande marque. La même phrase sans le « petit » était parfaite.

## Mise en situation

### *Ne pas blesser*

En toutes circonstances, abstenez-vous de critiquer et proposez des solutions.

| Ne dites plus... | Dites plutôt... |
|---|---|
| Tu n'as pas encore envoyé les programmes ! | *Assure-toi/vérifie que les programmes ont bien été envoyés* |
| Si tu parlais moins ! | *Tu étais en forme aujourd'hui, je t'ai rarement vue aussi loquace* |
| Parlez plus fort ! | *Vous êtes si discret(e), je ne vous ai pas entendu(e). Pourriez-vous parler un peu plus fort ?* |
| Soyez plus clair, je ne comprends rien ! | *Pourriez-vous répéter ? Je ne suis pas sûr(e) d'avoir bien compris* |

N'hésitez pas à reformuler si un doute subsiste :
— « *Tu veux dire que... ?* »
— « *Il s'agit bien du cas de M$^{me}$... ?* »

Il existe toujours une façon diplomatique pour montrer qu'une personne devrait avoir certaines connaissances sans être blessant, voire méprisant.

Si vous faites remarquer publiquement certaines lacunes, vous risquez de vous faire rapidement beaucoup d'ennemis ; les blessures d'amour-propre sont celles qui se guérissent le plus difficilement :

### Verbatim
– « Un étudiant en première année de droit sait ça ![1] »
La personne aurait pu dire simplement :
– « Je crois que ce renseignement se trouve dans le traité. »
– « Nous devons pouvoir trouver ce renseignement assez facilement. »

---

[1]. Entendu lors d'une réunion de la bouche d'un jeune fonctionnaire s'adressant à un supérieur qui ne lui a jamais pardonné.

## Un peu de douceur dans un monde qui en manque...

Il suffit parfois d'une simple formule de politesse et d'une intonation plus douce pour atténuer n'importe quel ordre :

| Ne dites plus... | Dites plutôt... |
|---|---|
| Ouvrez cette porte ! | *Pourriez-vous ouvrir cette porte ?*<br>*Auriez-vous la gentillesse/l'amabilité d'ouvrir cette porte ?* |

Même pour les petites choses de la vie, le tact fait régner un climat plus agréable.

| Ne dites plus... | Dites plutôt... |
|---|---|
| Si tu te garais mieux, je pourrais sortir de la voiture | *Peux-tu avancer un peu ? J'ai du mal à sortir de la voiture*<br>*Je crois que tu peux avancer encore un peu* |

Les choix de chacun n'ont pas à être jugés, surtout dans le domaine privé, pourtant, il n'est pas rare d'entendre des commentaires qui peuvent peiner. Là encore, d'autres formulations empreintes de délicatesse peuvent être employées.

| Ne dites plus... | Dites plutôt... |
|---|---|
| Vous avez huit enfants mais c'est de la folie ! | *Quelle belle famille !*<br>*Les familles nombreuses sont rares aujourd'hui* (Si vous voulez ajouter quelque chose) |

## Dans le doute, abstiens-toi !

Évitez les questions et les commentaires :

— « *Vous n'êtes pas marié(e) ?* »

— « *Vous n'avez pas d'enfants ! Pourquoi ?/Quel égoïsme !/Qui va payer nos retraites ?* »

Si une personne annonce qu'elle n'est pas mariée, qu'elle n'a pas d'enfant, il n'y a rien à ajouter, à moins de connaître intimement la personne. Et même dans ce cas, on risque parfois de raviver une douleur ancienne. Il vaut mieux laisser la personne aborder elle-même le sujet si elle le souhaite.

## « Vous n'avez pas su garder, sachez rompre »

### *Vie privée*

Il est bon de dire quelques mots sur les ruptures dans la vie personnelle où l'escalade verbale fait la fortune des avocats.

Les ruptures mènent parfois à des excès que la loi condamne, et que la morale réprouve. Les drames familiaux font la une des journaux à sensation. Ces blessures d'amour sont souvent des blessures d'amour-propre. La sincérité sur le fond ne doit pas empêcher le tact sur la forme. Celui (ou celle) qui reste ne doit pas ajouter la honte d'être critiqué(e) à la douleur d'être quitté(e) : le « Tu es insupportable, je te quitte » mène rarement à une séparation heureuse.

**Ne pas consommer la rupture**

Si vous êtes encore au stade de réflexion, ou si la rupture est programmée dans le temps :

— *« Je ne suis plus sûr (e) de moi. »*
— *« Je suis un peu perdu(e). »*
— *« J'ai besoin de voir plus clair, je voudrais réfléchir. »*
— *« J'ai besoin d'un peu de recul. »*
— *« Je trouve beaucoup dans notre relation. Cette relation m'apporte beaucoup de choses, mais j'ai besoin de faire le point. »*
— *« Notre relation est très enrichissante mais j'ai besoin de liberté/d'une certaine liberté. »* (Plus diplomatique qu'« *avec toi, j'étouffe/tu me surveilles/tu es pire que ma mère, etc.* »)

### Pas de tierce personne

Évitez d'introduire une autre personne, la rupture a lieu entre lui/elle et vous :

- « *Tu es un garçon charmant/sérieux/sur qui on peut compter/intelligent/compréhensif…* ».
- « *Tu es une femme remarquable/attentionnée/solide.* » (Essayez quand même de coller à la réalité.)

### Les torts sont partagés

Montrez que les défaillances viennent aussi de vous :

- « *Je ne suis pas celui/celle qui te convient.* »
- « *Je n'ai pas les qualités qui te rendront heureux(se).* »
- « *Je regrette la peine que je te fais.* »
- « *Nous sommes trop différents, cela tient à mon caractère.* »

### Être positif

Concentrez-vous sur ce qui a été réussi :

- « *Notre histoire est une belle histoire.* »
- « *Je te reverrai toujours le jour de notre première rencontre…* »
- « *Je le regretterai peut-être un jour.* »

### Décision inéluctable

Et soyez ferme, si vous êtes sûr(e) de vous :

- « *Ma décision est prise.* »

Le mal, disait Machiavel, il faut le faire d'un seul coup, le bien petit à petit.

## *Vie professionnelle*

### Mettre un terme à un partenariat

Mettre un terme à un partenariat relève de la même logique, sauf si la situation économique est telle que l'éclatement est la seule issue possible. Le plus dur, évidemment, est dans le contrôle de soi s'il y a malversations, négligences. Bref, le cortège des erreurs humaines.

— « *Nos chemins se séparent, nous avons évolué différemment.* »
— « *Cette dernière année a été fatale, nous ne pouvons plus continuer cette association.* »
— « *Nos différences ont éclaté au grand jour.* »
— « *Nous ne voyons plus les choses de la même façon.* »

■ *Montrez le côté positif*
— « *Ces années de collaboration ont été très enrichissantes / bénéfiques / riches d'enseignements.* » (formel)
— « *Vous m'avez beaucoup appris / apporté.* » (informel)

■ *Mettez en valeur le passé*
Rendez hommage à celui ou celle que vous quittez et gardez en mémoire les points forts de cette association :
— « *Nous formions une belle équipe. Nous étions complémentaires.* »
— « *J'ai beaucoup apprécié nos échanges mais nos positions sont trop éloignées. Je crois qu'il vaut mieux mettre un terme à notre collaboration. Bien évidemment, je m'acquitterai* (formel) *de ma dette envers vous.* »

■ *Justifiez au mieux votre décision*
Ne dites pas que vous n'avez « plus rien à apprendre », mais :
— « *Il est temps pour moi de mettre en pratique ce que j'ai appris au sein de notre société. Je dois saisir l'opportunité qui m'est offerte.* »
— « *Mon ambition a toujours été de voler de mes propres ailes.* »

- « *Vous m'avez appris à être ambitieux, je me sens prêt(e) à affronter seul(e) le monde de la politique/le marché/la concurrence.* »
- « *Le moment est venu pour moi de voir si j'ai les qualités/les compétences pour diriger une entreprise/gérer une équipe/assumer les responsabilités de chef de file/de parti/d'entreprise/etc.* »
- « *Notre société a évolué, j'ai du mal à trouver ma place dans cette nouvelle structure.* »

## La solution est *moderato*

Le commentaire blessant ne vise pas toujours la personne qui est en face de vous. Sachez qu'une des règles clés des bonnes relations consiste à se dire que toute parole peut être répétée. À partir de ce moment-là, on modère ses propos de façon radicale.

Il faut éviter les généralisations abusives, surtout dans une assemblée nombreuse où vous ne connaissez pas tout le monde : « Les Français sont tous des… les Italiens des… les Allemands… etc. »

Laissez à chaque ressortissant le soin de se moquer de lui-même, et privilégiez les atouts de chacun : « Le civisme des pays nordiques, le sérieux des Allemands, l'esprit démocratique des Suisses, le contrôle des Japonais, le dynamisme des Chinois, etc. »

# PARTIE 3

# AIDES ET EXERCICES

Cette partie du livre met l'accent sur certaines difficultés du français. Elle vous permet de les éviter tout en gardant un niveau de langue élevée. Pour s'exprimer avec aisance, il faut d'abord avoir confiance en soi et cette confiance ne peut venir sans une bonne maîtrise de la langue. Voici donc une série de pièges qui sont une source d'hésitations pour beaucoup de non-francophones, et parfois de francophones, lorsqu'ils s'expriment lors de situations tendues. Vous verrez qu'avec un peu de pratique, on arrive rapidement à se sentir sûr de soi. L'art ne consiste pas à utiliser des structures compliquées, mais à utiliser avec art celles que l'on connaît.

Des exercices ont été ajoutés à la fin pour que vous puissiez vous entraîner. Bien évidemment, ils sont accompagnés de corrigés ; vous pourrez ainsi vérifier vos connaissances et combler vos lacunes.

Chapitre 20

# Les difficultés du français

Le français n'est pas une langue facile, il faut le reconnaître, mais comme toutes ces choses qui demandent un effort, la beauté en est la récompense. À tous ceux qui s'inquiètent de la difficulté de cet apprentissage, je dirais que la beauté peut prendre différentes formes. Dans tous les domaines de l'art, que ce soit l'architecture, la sculpture ou la peinture, on trouve des œuvres grandioses à l'image du château de Versailles qui provoquent l'admiration. Mais à côté de cette œuvre de titan, il existe des chefs-d'œuvre d'une grande sobriété où le dépouillement mène à la sérénité. Quelques notes de musique, un bloc de marbre, peuvent prétendre eux aussi à la beauté absolue. Ce qui est vrai pour l'art, l'est aussi pour la parole.

### Question de style

Il s'agit de deux passages pris chez des écrivains français parmi les plus célèbres : Albert Camus et Marguerite Yourcenar.

L'un est fait de simplicité :

« Alors, il a baissé la tête et s'est rassis. Il a dit qu'il me plaignait. Il jugeait cela impossible à supporter pour un homme. Moi j'ai seulement senti qu'il commençait à m'ennuyer. Il parlait d'une voix inquiète et pressante. J'ai compris qu'il était ému et je l'ai mieux écouté. »
Albert Camus, l'*Étranger*

L'autre de recherche de la précision :

« J'ai cru jadis qu'un certain goût de la beauté me tiendrait lieu de vertu, saurait m'immuniser contre les sollicitations trop grossières. Mais je me trompais. L'amateur de beauté finit par les trouver partout, filon d'or dans les plus ignobles veines : par éprouver, à manier ses chefs-d'œuvre fragmentaires, salis, ou brisés, un plaisir de connaisseur seul à collectionner des poteries crues vulgaires. »
Marguerite Yourcenar, *Mémoires d'Hadrien*

Comme on peut le constater, la simplicité absolue donne aussi d'excellents résultats. Il ne tient qu'à vous de choisir un style plutôt qu'un autre.

# La grammaire, un outil au service de l'expression

Les méthodes d'enseignement, la vie moderne, les nouvelles techniques de communication ont porté atteinte à la qualité de l'orthographe en particulier, et de la langue en général. Beaucoup d'étudiants n'ont pas de connaissances approfondies de la grammaire. Le vocabulaire peut s'enrichir naturellement par les lectures, mais la grammaire reste le fruit d'un long apprentissage. Il ne s'agit pas ici de combler les lacunes, mais d'assurer une maîtrise suffisante pour donner confiance à celui qui veut s'exprimer.

L'orthographe, qui risque de devenir le privilège d'une élite, peut être corrigée en partie par l'ordinateur. Ce dernier corrige, en effet, les accents et l'orthographe d'usage, mais il n'est pas encore capable de se substituer à l'homme pour la grammaire. En attendant cette nouvelle étape de l'ordinateur, il faut soit se pencher sur les difficultés, soit les éviter.

## Maîtriser la grammaire

### *Les substituts au subjonctif*

L'utilisation du subjonctif doit se limiter à ce qui est parfaitement connu, sinon évitez-le et remplacez-le par :

**Un nom**

| Si le subjonctif a ses limites pour vous... | *Remplacez par...* |
|---|---|
| Avant qu'il ne★ parte | *Avant son départ* |
| Bien qu'il soit absent | *Malgré son absence* |
| | *En dépit de son absence* |
| Bien qu'il ait refusé | *Malgré son refus* |
| À moins qu'il ne★ refuse | *En cas de refus* |
| À moins que vous ne ★vous opposiez à cette décision | *Sauf si vous vous opposez à cette décision* |
| | *Sauf s'il y a une opposition de votre part* (soutenu) |
| | *Sauf opposition de votre part* (informel) |
| Bien que je sois opposé(e) à ce projet | *Malgré mon opposition à ce projet/en dépit de mon opposition* |
| Il souhaite que vous soyez présent | *Il souhaite votre présence* |
| N'hésitez pas à modifier légèrement la phrase : | |
| Avant qu'il ne★ soit trop tard | *Quand il est encore temps* |

★ À la difficulté du subjonctif s'ajoute celle de ce petit « ne » qui n'est pas une négation, mais que l'on trouve avec les verbes de crainte, et les adverbes « à moins que » et « avant que »

| | |
|---|---|
| Bien que ces données soient incomplètes, elles nous aideront à avoir une vue d'ensemble | *Bien qu'incomplètes, ces données nous aideront à avoir une vue d'ensemble* |

### Un adjectif

| Si le subjonctif a ses limites pour vous… | *Remplacez par…* |
|---|---|
| Vos réclamations, fussent-elles légitimes, ne peuvent être toutes satisfaites | *Vos réclamations, mêmes légitimes, ne peuvent être toutes satisfaites* |

### Un infinitif

| Si le subjonctif a ses limites pour vous… | *Remplacez par…* |
|---|---|
| De façon à ce que vous puissiez être joignable | *De façon à pouvoir vous joindre* |
| À condition que nous prenions les mesures nécessaires | *À condition de prendre les mesures nécessaires* |
| Il faut que vous sachiez qu'il a accepté | *Vous devez savoir qu'il a accepté* |
| Avant qu'il ne parte | *Avant de partir* |

### Un indicatif

| Si le subjonctif a ses limites pour vous… | *Remplacez par…* |
|---|---|
| À moins qu'il ne refuse | *Sauf s'il refuse* |
| Bien que je sois opposée à ce projet | *Même si je suis opposée à ce projet* |

**Un adverbe**

| Si le subjonctif a ses limites pour vous... | *Remplacez par...* |
|---|---|
| Il est possible qu'il vienne | *Il viendra peut-être* |
| Il y a de fortes chances qu'il vienne | *Il viendra probablement* |

> **Astuce**
>
> Si un subjonctif devient inévitable, utilisez ceux que vous connaissez ou prenez la peine de vérifier leur orthographe. Il est souvent possible d'utiliser des verbes en « er », beaucoup plus faciles à conjuguer : « Il faut qu'il soit d'accord » devient ainsi « Il faut qu'il donne son accord ».

## *Mettez-vous d'accord avec les participes passés*

La règle des accords de participes passés est d'autant plus importante à appliquer quand la faute est perceptible à l'oral (les quelques verbes suivants sont ceux qui reviennent le plus souvent) :

– « L'erreur qu'il a commis*e*. »

– « La faute qu'il a fait*e*. »

– « La phrase qu'il a dit*e*. »

– « La lettre qu'il a écrit*e*. »

– « La démission qu'il a remis*e*. »

## *Respectez les concordances de temps*

– « Il dit qu'il viendra. »

– « Il a dit qu'il viendrait. »

## *Allez au plus simple*

Faites des phrases courtes, choisissez des inversions faciles (p. 168), évitez de donner des nombres précis si vous parlez sans notes. Cette dernière remarque ne concerne pas directement la grammaire, mais il s'agit d'une situation qui peut déstabiliser. Si vous maîtrisez parfaitement vos données, mentionnez le nombre exact, mais il arrive souvent qu'un des exemples nous échappe au moment où nous parlons. Dans ce cas, mieux vaut alors dire « Je vous citerai quelques exemples/plusieurs exemples » plutôt que « Je vous donnerai 5 exemples : le 1$^{er}$ se rapporte à… le 2$^e$ concerne… le 3$^e$ aborde… le 4$^e$ met en avant… le 5$^e$ évoque… »

## *Débusquez les faux amis*

En milieu international, de nombreux malentendus sont dus à une mauvaise compréhension du message ; paradoxalement, c'est à un niveau avancé de la langue que les dangers sont les plus grands. En effet, si quelqu'un s'exprime correctement, on prendra à la lettre ce qu'il dit, alors que certaines erreurs sont liées à la présence de faux amis.

Beaucoup de non-francophones parlent anglais ou ont appris le français à travers l'anglais. Ils font alors des fautes qui ne sont pas dues à leur langue maternelle, mais à cette autre grande langue. (Que peut dire d'autre une Française dans un livre sur le langage diplomatique ?)

## Les verbes

| En français | Anglais-français |
|---|---|
| Prétendre signifie le plus souvent « dire alors que ce n'est pas exact »<br>– « *Il prétend avoir reçu des ordres dans ce sens* » | To pretend = faire semblant |
| Résumer signifie « dire en peu de mots ce qui vient d'être dit »<br>– « *Il a parfaitement résumé la situation* » | To resume = reprendre une discussion, des négociations (qui avaient été interrompues) |
| Démontrer signifie « prouver de manière incontestable »<br>– « *Il a démontré la relation de cause à effet* » | To demonstrate = manifester |
| Éventuellement signifie « suivant les circonstances »<br>– « *Éventuellement nous pourrions nous rencontrer à Paris* » | Eventually = finalement, en fin de compte |
| Actuellement signifie « en ce moment »<br>– « *Il est actuellement en mission à l'étranger* » | Actually = en fait |
| Attendre signifie « ne pas agir ou ne pas bouger avant l'arrivée de quelqu'un ou de quelque chose. »<br>– « *J'attends votre réponse* » | To attend = assister à |
| Demander signifie « faire savoir ce que l'on souhaite »<br>– « *Je voudrais vous demander un renseignement* » | To demand = exiger |
| Entretenir veut dire « prendre soin de quelqu'un ou de quelque chose »<br>– « *Il entretient de bons rapports avec ses collègues* »<br>– « *Il entretient sa voiture avec soin* » | To entertain = distraire, amuser, animer |

## Les adverbes

« Sans doute » est une expression qui est à l'origine de bien des malentendus. « Sans doute » en français signifie « probablement », or pour un étranger, c'est la traduction fidèle de « no doubt ». Il en résulte des interprétations offensantes. En effet, si on vous dit « Vous êtes sans doute honnête », vous serez terriblement blessé(e) de sentir que votre honnêteté est ainsi mise en doute. L'équivalent de « no doubt » serait plutôt : « sans aucun doute ».

De la même façon, le « noch nicht » allemand peut froisser dans sa traduction française. « Vous n'avez pas encore fini ? » contient une trace d'impatience qui n'existe pas en allemand. Il existe ainsi des petites nuances dues à une traduction littérale qui peuvent détériorer un bon climat.

> ### Astuce
> Après cette énumération de difficultés, il est bon de savoir qu'il existe un moyen infaillible de lire l'admiration dans les yeux de ceux qui vous écoutent, et de faire oublier vos fautes de subjonctif, d'accords ou de prépositions. Il s'agit de pratiquer une simple inversion des mots :
> - « **Sans doute** avez-vous raison. »
> - « **Encore** faut-il savoir s'ils accepteront. »
> - « **Peut-être** faudrait-il envisager une autre solution. »
> - « **Aussi** avons-nous décidé de donner notre accord. »

# Chapitre 21

# **Tests**

Voici une série de tests qui recouvrent les principaux domaines de la langue étudiés dans ce livre. Il va de soi que les exercices sont difficiles puisqu'ils veulent vérifier la phase ultime de vos connaissances en français, mais il existe bien sûr d'autres réponses beaucoup plus faciles qui conviendraient parfaitement. En fait, les réponses données correspondent à ce que dirait spontanément un diplomate francophone.

Aides et exercices

# 1<sup>re</sup> série : Vocabulaire

A - Complétez les phrases suivantes avec l'adjectif qui convient
1) C'est une décision................................................. de conséquences.
2) C'est un projet ........................... mais nous sommes sûrs de réussir.
3) Elle a pour vous un ................................................................ respect.
4) Une négociation réussie dépend d'un dosage ......................... entre souplesse et fermeté.
5) Le résultat est bien ........................... , il me semble que nous avons trop peu d'éléments à notre disposition.
6) Évitez les généralisations ........................................... surtout devant une assemblée nombreuse.
7) Malheureusement je ne peux accepter votre ..................... invitation.
8) Il a exprimé les critiques les plus ......................... à l'encontre de son prédécesseur.
9) Je peux vous assurer de mon .................................................. amitié.
10) Un referendum est une étape ................... dans la vie démocratique.

B - Complétez les phrases suivantes avec le nom qui convient
1) Je mettrai tout en ......................... pour que cette réforme aboutisse.
2) Vous pouvez me dire la vérité, je ne vous en tiendrai pas .................
3) Il a fait ........................... de courage en refusant cette offre.
4) Je suis heureux(e) d'avoir l' ..................... de m'exprimer devant vous.
5) Permettez-moi de rendre ..................... à un homme qui a consacré sa vie à son pays.
6) La règle d' ........................... en diplomatie est la discrétion.
7) Aujourd'hui une bonne orthographe est l' ................. d'une minorité.
8) Nous avons à ............................. de défendre vos intérêts. Ce projet nous tient à ...............................................................................
9) Nous redoutons une .................................................. de la violence.
10) C'est une ................................. grave au droit international.

C - Complétez les phrases suivantes avec le verbe qui convient
1) Je ne voudrais pas .................................................... de votre temps.
2) Il faut savoir se ..................................................... à certaines règles.
3) Nous ............................. les meilleurs résultats depuis 10 ans.

4) La communauté internationale ................................. tous ses efforts pour réduire la pauvreté.
5) Le bilan s'................................................. de jour en jour.
6) Nous ..................................... le manque de moyens dans cette zone.
7) Ce projet s'........................... dans le cadre de la politique culturelle mise en place par le gouvernement.
8) Nous sommes ................................................ à un problème grave.
9) Nous avons ............. des liens d'amitié solides entre nos deux pays.
10) Nous sommes conscients des changements que cela ......................

## D - Remplacez « tel(le) » par l'adjectif que vous jugerez le plus approprié

1) Il possède une telle maîtrise.
   Il possède une maîtrise ................................................................
2) Il a fait preuve d'une telle négligence.
   Il a fait preuve d'une négligence ................................................
3) Elle a une telle fortune.
   Elle a une fortune........................................................................
4) Ils ont apporté de tels présents.
   Ils ont apporté des présents .......................................................

## E - Remplacez les verbes soulignés par un verbe plus précis

1) Il a dit que les repas étaient inclus.
2) Elle a dit que le rapport serait terminé le 10 juin.
3) Nous avons dit l'importance que nous attachions à ce dossier.
4) Vous nous avez dit que vous seriez présent.
5) Il a dit qu'il y avait de nombreux blessés.
6) Il a parlé du problème du chômage.
7) Il a fait des erreurs.
8) Elle a fait un discours.
9) Votre nom est sur la liste de recrutement.
10) Ce renseignement est dans le traité.
11) Vous devez voir un avocat.
12) Il a de lourdes responsabilités.
13) Le Conseil de sécurité des Nations unies a 15 membres.

Aides et exercices

# 2$^{\text{nde}}$ série : Diplomatie

## A - Trouvez l'équivalent des expressions soulignées

*Langue soutenue*      *Langue formelle*

Être <u>capable</u> de      Être en .................... de

Je suis heureux d'être <u>avec vous</u>      Je suis heureux d'être en ..............

Je <u>suis d'accord avec vous</u>      Je ..............................

Ses efforts ont été <u>inutiles</u>      Ses efforts ont été ..............

Se <u>faire</u> une opinion      Se .................... une opinion

Il ne faut pas parler <u>comme ça</u>      Il ne faut pas parler ..............

Il <u>est clair</u> que      Il va .................... que

## B - Donnez l'équivalent des phrases suivantes : 1) en langue familière 2) en langue soutenue 3) en langue formelle

### Exercice 1

Vous demandez à quelqu'un de vous accompagner :

1) .................................................................... ?
2) .................................................................... ?
3) .................................................................... ?

### Exercice 2

Vous demandez à quelqu'un quelques minutes d'entretien privé :

1) .................................................................... ?
2) .................................................................... ?
3) .................................................................... ?

### Exercice 3

Vous dites qu'un endroit aide à réfléchir :

1) .................................................................... ?
2) .................................................................... ?
3) .................................................................... ?

## C - Réécrivez ce passage en langue diplomatique

Comme d'habitude la réunion a commencé en retard. X présidait. Il a laissé parler les gens beaucoup trop longtemps. Brigitte a été incapable de dire ce qu'elle pensait. Elle ne sait rien faire sans le feu vert de son chef. Victor a tout essayé pour la convaincre. Bref, on n'a rien appris de neuf, rien décidé. On perd son temps dans ces réunions qui finissent par coûter cher au contribuable.

..................................................................................................................
..................................................................................................................
..................................................................................................................
..................................................................................................................
..................................................................................................................
..................................................................................................................
..................................................................................................................
..................................................................................................................
..................................................................................................................
..................................................................................................................
..................................................................................................................
..................................................................................................................
..................................................................................................................
..................................................................................................................

## D - Remplacez ces phrases formelles par un style soutenu qui ne présente aucune difficulté linguistique

1) Nous respecterons nos engagements, <u>quels qu'ils soient</u>.
..................................................................................................................

2) J'apprécie <u>ce témoignage</u> de sympathie.
..................................................................................................................

3) <u>Je ne saurais</u> accepter ce cadeau.
..................................................................................................................

4) Ne voyez <u>aucun caractère</u> désobligeant dans ma remarque.
..................................................................................................................

5) <u>Pour autant que je sache</u>.
..................................................................................................................

6) <u>Bien qu'il ait été absent</u>, nous avons voté.
..................................................................................................................

E - Écrivez un petit discours pour l'ouverture d'un séminaire sur les méthodes de travail au sein d'une société pour favoriser la communication

..................................................................................
..................................................................................
..................................................................................
..................................................................................
..................................................................................
..................................................................................
..................................................................................
..................................................................................
..................................................................................
..................................................................................
..................................................................................
..................................................................................
..................................................................................
..................................................................................
..................................................................................
..................................................................................

# Corrigés

## 1re série : Vocabulaire

**A -**

1) lourde, 2) ambitieux, 3) profond, 4) subtil, 5) aléatoire/incertain, 6) abusives, 7) aimable, 8) vives, 9) indéfectible, 10) décisive.

**B -**

1) œuvre, 2) rigueur, 3) preuve, 4) opportunité, 5) hommage, 6) or, 7) apanage, 8) cœur, 9) recrudescence/augmentation, 10) atteinte.

**C -**

1) abuser, 2) plier, 3) enregistrons, 4) déploie, 5) alourdit, 6) déplorons, 7) inscrit, 8) confrontés, 9) tissé, 10) implique.

**D -**

parfaite – coupable – considérable – magnifiques.

**E -**

1) a précisé, 2) a assuré, 3) avons souligné, 4) avez assuré, 5) a fait état, 6) a évoqué, 7) a commis, 8) a prononcé, 9) figure, 10) se trouve, 11) consulter, 12) assume, 13) compte/se compose de.

# 2$^{nde}$ série : Diplomatie

**A -**

en mesure de – en votre compagnie – partage votre point de vue – vains – forger – ainsi – de soi.

**B-**

1) Viens avec moi. Tu viens ?
2) Pourriez-vous m'accompagner ?/J'espère que vous m'accompagnerez.
3) Puis-je vous proposer de m'accompagner ?/Ce serait pour moi un honneur/grand plaisir si vous acceptiez de m'accompagner.

1) Je peux te voir une minute, j'aimerais te parler/Tu as une minute ?
2) Est-ce que je peux vous parler un instant ?/Pourriez-vous m'accorder quelques minutes ?
3) Puis-je vous demander de me consacrer quelques instants ?/Auriez-vous l'amabilité de me consacrer un peu de temps ?

1) On est à son aise pour réfléchir.
2) Il favorise la réflexion.
3) Il est propice à la réflexion.

**C -**

La réunion a commencé avec un léger retard. La présidence était assurée par Monsieur Longais. Le président a permis à chacun de s'exprimer librement. Madame Dubois a réservé sa position, elle souhaite s'entretenir avec son supérieur. Monsieur Delhousse s'est montré très convaincant. Peu de nouveaux éléments ont été apportés. La décision finale est reportée. Le coût des réunions sous cette forme mérite d'être posé.

**D -**

1) Nous respectons tous nos engagements.
2) J'apprécie cette marque d'amitié.
3) Je ne peux pas accepter ce cadeau.
4) Ne voyez rien de désobligeant dans ma remarque.
5) À ma connaissance.
6) Malgré son absence, nous avons voté.

**E -**

Chers amis,

C'est avec plaisir que je vous souhaite la bienvenue à ce séminaire qui constitue une étape essentielle de notre programme de formation. Notre objectif est de permettre à chaque membre du personnel d'évoluer harmonieusement au sein de notre compagnie. Nous sommes tous impliqués dans les changements qui sont en train de s'opérer dans nos méthodes de travail. Nous devons nous assurer que ces changements vont dans la meilleure direction possible. Puisque nous travaillons en équipe, il est nécessaire que cette expérience soit partagée par tous les membres d'un même service. J'espère que ce séminaire contribuera à améliorer les relations entre les différents services et renforcera l'esprit de coopération sans lequel aucune entreprise ne peut fonctionner.

# Épilogue

Ce livre est terminé. J'espère que vous y trouverez une aide linguistique et comportementale. Les occasions de s'exprimer dans la vie sont multiples et ne demandent pas toujours des phrases aussi élaborées. Mais elles sont là, un peu comme ces bouquets de chaînes que vous trouvez dans l'audiovisuel. On ne peut pas regarder cent programmes à la fois mais ils vous offrent le pouvoir de choisir.

Ce choix dépend uniquement de vous. Quel est votre objectif ? Quel message voulez-vous faire passer ? Êtes-vous prêt à assumer les conséquences de certaines paroles un peu dures ?

Au-delà de l'efficacité de la langue, il y a aussi le plaisir de pouvoir exprimer sa pensée le mieux possible.

Charles Quint disait : « *J'ai appris le latin pour parler au pape, l'espagnol pour parler à ma mère, l'anglais à ma tante, l'allemand à mes amis et le français à moi-même.* »

N'oubliez pas qu'avant le contrôle de la langue, c'est d'abord le contrôle de vous-même qu'il faut acquérir pour être un bon diplomate.

## La diplomatie n'est pas un savoir-faire, c'est une attitude

À l'heure où les conflits se multiplient et où les ruptures n'ont jamais été aussi nombreuses, le rôle de la parole est essentiel. Apprendre à communiquer de façon harmonieuse, à faire connaître son opinion sans heurter, à gérer les tensions, tel est le but de ce livre. Il analyse les situations les plus fréquemment rencontrées et propose une série d'exemples concrets pour s'exprimer avec tact et aisance en français. Les exercices présentés permettent à chacun de mettre en pratique les conseils linguistiques et psychologiques. Dans un monde de plus en plus globalisé, l'auteur a tenu compte des spécificités individuelles et internationales.

Outil facile à utiliser, ce livre sera une aide précieuse pour tous ceux qui veulent améliorer leurs relations par la parole.

Bénédicte Lapeyre est professeur visiteur au Collège d'Europe dans le département des Relations internationales et diplomatiques. Elle est l'auteur de nombreux ouvrages sur les techniques de communication qui ont été traduits en plusieurs langues. Elle est aussi l'auteur d'un essai sur la diversité culturelle européenne et l'origine de nos comportements. Ses recherches l'ont amenée à donner des conférences en Chine, en Europe et aux États-Unis. Elle effectue actuellement des recherches sur la thérapie par l'écriture.

www.ingramcontent.com/pod-product-compliance
Lightning Source LLC
Chambersburg PA
CBHW071428160426
43195CB00013B/1846